胡適的鱗爪

肖伊绯 著

凤凰出版社

图书在版编目（CIP）数据

胡适的鳞爪 / 肖伊绯著. -- 南京 : 凤凰出版社, 2014.6
ISBN 978-7-5506-1153-5

Ⅰ. ①胡… Ⅱ. ①肖… Ⅲ. ①胡适（1891～1962）－文集 Ⅳ. ①C52

中国版本图书馆CIP数据核字(2014)第062851号

书　　名	胡适的鳞爪
著　　者	肖伊绯
责任编辑	陈晓清
出版发行	凤凰出版传媒股份有限公司 凤凰出版社(原江苏古籍出版社) 发行部电话025-83223462
出版社地址	南京市中央路165号,邮编:210009
出版社网址	http://www.fhcbs.com
经　　销	凤凰出版传媒股份有限公司
照　　排	江苏凤凰制版有限公司
印　　刷	江苏凤凰新华印务有限公司 中国江苏南京经济技术开发区尧新大道399号,邮编:210038
开　　本	787×1092毫米　1/32
印　　张	9.25
字　　数	163千字
版　　次	2014年6月第1版　2014年6月第1次印刷
印　　数	1-2000册
标准书号	ISBN 978-7-5506-1153-5
定　　价	38.00元 (本书凡印装错误可向承印厂调换,电话:025-68037410)

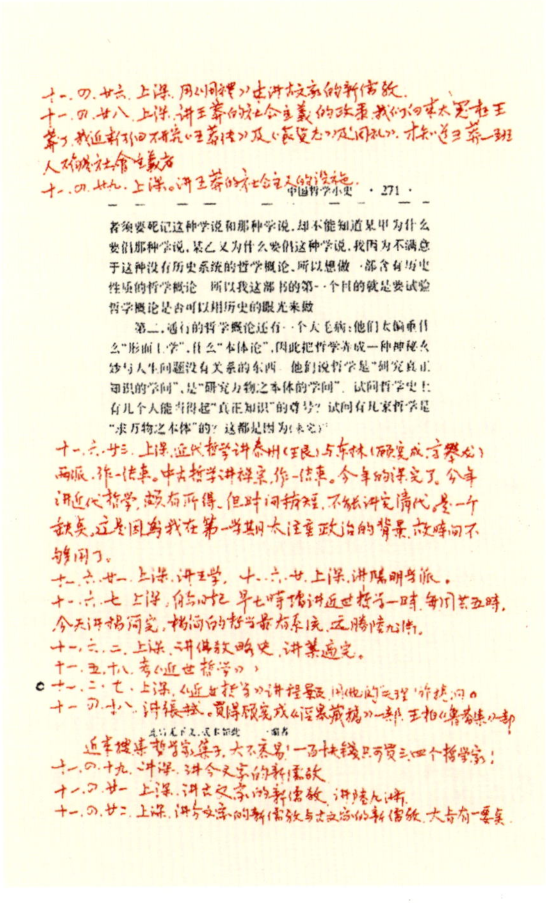
十一.四.廿六.上课.用《周礼》来讲古文家的新儒教.
十一.四.廿八.上课.讲王莽的社会主义的政策.我们不要太冤枉王莽了.我近来细细研究《王莽传》及《食货志》及《周礼》.才知道王莽一班人的社会主义者
十一.四.廿九.上课.讲王莽的社会主义的设施.

中国哲学小史 ·271·

者须要死记这种学说和那种学说，却不能知道某甲为什么要倡那种学说，某乙又为什么要倡这种学说。我因为不满意于这种没有历史系统的哲学概论，所以想做一部含有历史性质的哲学概论。所以我这部书的第一个目的就是要试验哲学概论是否可以用历史的眼光来做。

第二，通行的哲学概论还有一个大毛病：他们太偏重什么"形而上学"，什么"本体论"，因此把哲学弄成一种神秘玄妙与人生问题没有关系的东西。他们说哲学是"研究真正知识的学问"，是"研究万物之本体的学问"。试问哲学史上有几个人能当得起"真正知识"的尊号？试问有几家哲学是"求万物之本体"的？这都是因为（未完）

十一.六.廿三.上课.近代哲学讲泰州（王艮）与东林（顾宪成.高攀龙）两派.作一结束。中古哲学讲禅宗.作一结束。今年的课完了。今年讲近代哲学，颇有所得。但时间稍短，不能讲完清代，是一个缺点。这是因为我在第一学期太注重政治的背景，故时间不够用了。
十一.六.廿一.上课.讲王学. 十一.六.廿.上课.讲阳明学派。
十一.六.七 上课.自今日起 早七时钟讲近世哲学一时.每周共五时.今天讲杨简完.杨简的哲学最有系统.远胜陆九渊.
十一.六.二.上课.讲佛教略史.讲叶适完.
十一.五.十八.考《近世哲学》.
十一.二.七.上课.《近世哲学》讲程颢.[illegible]
十一.四.十八.讲张载。买得顾宪成《泾皋藏稿》一部.王柏《鲁斋集》一部!
此后见下文，此不赘述 ——编者
近来搜集哲学家集子，大不容易！一百块钱只可买三四个哲学家！
十一.四.十九.上课.讲今文家的新儒教
十一.四.廿一 上课.讲古文家的新儒教.讲陆九渊.
十一.四.廿二.上课.讲今文家的新儒教与古文家的新儒教.大旨有一要点.

肖伊绯《胡适的鳞爪》笔记手稿（一）

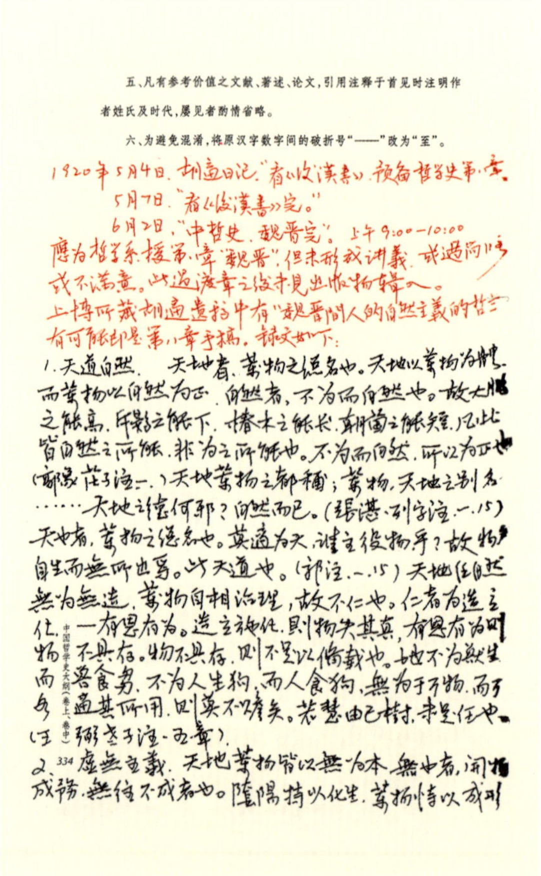

五、凡有参考价值之文献、著述、论文，引用注释于首见时注明作者姓氏及时代，屡见者酌情省略。

六、为避免混淆，将原汉字数字间的破折号“——”改为“至”。

1920年5月4日，胡适日记：“看《后汉书》，预备哲学史第八章。”
5月7日：“看《后汉书》完。”
6月2日：“中哲史，魏晋完。”上午9:00–10:00
應为哲学系授第八章“魏晋”，但未形成讲義，或遇问题，或不满意。此遗落章之终未見出版物中。
上博所藏胡適遺稿中有“魏晋間人的自然主義的哲学”有可能即是第八章手稿。録文如下：

1. 天道自然　天地者，萬物之總名也。天地以萬物為體，而萬物以自然為正。自然者，不為而自然也。故大鵬之能高，斥鷃之能下，椿木之能長，朝菌之能短，凡此皆自然之所能，非為之所能也。不為而自然，所以為正也。（郭象莊子注一.）天地萬物之都稱；萬物，天地之別名……天地之總何耶？自然而已。（張湛列子注一.15）天也者，萬物之總名也。莫適為天，誰主役物乎？故物自生而無所出焉。此天道也。（郭注一.15）天地任自然，無為無造，萬物自相治理，故不仁也。仁者為造立施化，有恩有為。造立施化，則物失其真，有恩有為，則物不具存。物不具存，則不足以備載也。地不為獸生芻，而獸食芻，不為人生狗，而人食狗。無為于萬物，而萬物各適其所用，則莫不贍矣。若慧由己樹，未足任也。（王弼老子注一五章）。

2. 虛無主義　天地萬物皆以無為本。無也者，開物成務，無往不成者也。陰陽恃以化生，萬物恃以成形

中国哲学史大纲（卷上、卷中）　334

肖伊绯《胡适的鳞爪》笔记手稿（二）

目　录

“精读胡适”时代之来临

2012年是胡适先生(1891—1962)逝世五十周年,这也同时标志着,胡适著述正式进入公共版权领域。可以预见,从2013年开始,中国学术界、公共知识界及广大普通读者久违了的这位思想大师,其人其事、其生平其思想,都将以各种出版物的方式重新进入国人的视野,带来无尽的追思与启迪。解读胡适及其思想,评价胡适及其思想,将成为今后很长一段时间里,学术圈、文化圈、读书圈里的共同主题。席卷而来的胡适出版热,让人目不暇接的同时,也让越来越多的读者开始认真选择,择善而从。

平心而论,胡适生前著述繁多、涉及门类极其庞杂、发表渠道多种多样、未发表稿本流散四方、友朋书信难以搜集以及其晚年流寓美国、台湾,散佚文稿难以计数等等历史上、客观上的原因,对胡适著述怎么选编、怎样解读、如何研讨,都是后世编者、读者、研究者绕不开的重要议题。事实上,胡适的著述,经常会出现同一篇文章在不同时期、不同报刊上多次发表的情况(还常有中英文同主题文章、中英文同主题演讲交替进行),且每一次发表均略有修改;有的文章在多次发表之后,还被辑入其某部专著之中,与别的文章共同构成某个完整的阶段性理论体系。有的专著出版后,胡适本人会保留一册自校本,在正式出版物上继续加以修改与增订。

胡适的这些"东鳞西爪",包含着丰富深刻的历史信息与时代语境。面对这些"鳞爪",面对这些"鳞爪"中可能蕴藏着的研究线索,我们不禁会追问:所有这些繁复的文本流变,如果要编印《胡适全集》或选集,究竟该如何取舍、如何校定?是不是初版本与自校本就一定有学术优先权?胡适发表于某个特定历史阶段的文章,其内容较所谓"定本"有所增删,这样的"非定本"有没有特定的语境价值,对这样的价值我们曾经梳理与关注过多少?作为完整、充分、精确表达胡适思想历程的所有诸如此类的文本流变,我们是否能用一种更为开阔的视野、更为缜密的思路、更为精审的校理,为研读胡适著述确立更为完备、更为完善的基础?

可以感受得到,胡适研究正在向着一种新的趋势发展——从慎重选定版本汇校研究到历时性考察胡适著述及其思想,对胡适著述出版史与思想史反复考量斟酌;从大量参阅民国原版文献到充分体察同时代多元语境,对胡适个人生活史与思想史反复权衡拟合等等,这一切,都标志着解读胡适的视角与方法,正在朝着精细、精致、精确的角度,发生着微妙但却是决定性的转变。由此可见,对胡适著述"求全责备”的时代已经过去或正在完结——以文本齐全为目标的“全集”思维、以编年体系为坐标的“目录”思维、以普遍正确为标准的“完人”思维等等,这些思维方式在胡适研究中的比重都将日益减少,这些思维方式及其研究模式都将渐成末流。而“精读胡适”的时代正在来临,在新的时代背景、新的学术视野、新的文化语境之下,如何更充分切实地去解析、容纳与吸收胡适其人其思,我们对此拭目以待、知行共证罢。

肖伊绯

胡适《中国哲学史大纲(卷中)》讲义本发现记

小引：版权页上的“二册”之谜

研究民国学术史，自然绕不开胡适的《中国哲学史大纲》。此书自1919年2月出版以来，以其“截断众流”的理论创见与学术魄力，迅即获得海内外学界及读者的好评，仅在1919—1932年13年的出版周期内，就再版15次；加上初版，共计出版16次之多。此书被誉为用现代学术方法系统研究中国古代哲学史的第一部著作，它的出版被视为中国哲学史学科成立的标志。

然而让众多读者意犹未尽的是，这部中国学术史上的开山之作，事实上只是“上古”时代哲学史，即先秦诸子时代哲学史，“中古”及近世哲学史并未囊括其中。虽然这“半部”哲学史，也足以代表胡适在中国古代哲学史方面的学术水准与独特视野；但这部未完的哲学史，留给后世读者的，毕竟是有收获也有遗憾的。因为，无法“一以贯之”地梳理中国上古、中古与近世哲学变迁与发展脉络，这半部《中国哲学史大纲》

对后世读者而言，始终有不能完璧、难成系统之憾；由于没有“中古”部分，甚至于连一部完整的中国古代哲学史都还算不上。

《中国哲学史大纲(卷上)》，蔡元培为之亲撰序言。在这则序言中就提到过几乎所有后世读者都切盼的那个愿望，他写道：

> 我只盼望适之先生努力进行，由上古而中古，而近世，编成一部完全的《中国哲学史大纲》，把我们三千年来一半断烂，一半庞杂的哲学界，理出一个头绪来，给我们一种研究本国哲学史的门径，那真是我们的幸福了！

然而，胡适生前却一直没有出版过《中国哲学史大纲》的“中古”与“近世”部分。直到如今，胡适已逝世五十周年，仍然未能看到那另半部哲学史的踪影。

早在 1929 年 10 月，也即是在《中国哲学史大纲(卷上)》再版 14 次之后，商务印书馆“万有文库”丛书第二集辑入这已畅销十年的“半部哲学史”，更名为《中国古代哲学史》，大有撇清“半部”之意。或许，自 1958 年由台湾商务印书馆重印，胡适亲自将《中国哲学史大纲(卷上)》再行改订为《中国古代哲学史》之后，我们已经可以明了，胡适是要将这“半部书”彻底改订为一部单行本,了却多年未曾续完之憾罢。

但在搜寻此书的多个版本过程中,笔者发现,这半部哲学史从1919年2月初版以来,到1932年“国难后第一版”共计达16版之多的出版周期之内,版权页上都赫然印着“中国哲学史大纲二册”的字样。这一册“卷上”出版发行已达13年之久,为什么始终在版权页上标明为“二册”?难道,胡适的写作计划中,或者说商务印书馆的出版计划中,始终在等待着胡适的另半部哲学史的完稿?换句话说,可能无论是胡适本人,还是商务印书馆的预期中,另半部哲学史的完稿指日可待,并无太大的困难。

按照胡适在卷上“凡例”中所言,另半部哲学史的完稿,似乎也并不困难。他写道:

> 本书分上中下三卷。上卷述古代哲学,自为一册。中卷述中古哲学,下卷述近世哲学,合为一册。

看来,版权页上的“二册”字样,就是在等待着这合为一册的“中下”两卷。直到1935年5月,《中国哲学史大纲(卷上)》作为“大学丛书”再次被商务印书馆以“大学教本”形式推出之后,版权页上的信息,发生了微妙的变化,“二册”的字样改为“一册”。这是否又可以说明,原本顺理成章的“中下”两卷,可能已经无法再续写完稿,“半部”中国哲学史就此尘埃落定，就此定案？

卷中讲义本疑案

然而，根据现存的胡适日记和手稿等资料统计，他本人还的确曾在北大续写过《中国哲学史大纲》的“卷中”，而且还讲授过这部中古哲学史的内容。“卷中”这部分内容，的确有过一个北大内部发行的“讲义本”（以下简称“讲义本”），只不过已经难觅踪影而已；中国大陆学者至今也只闻其名，未见其实。

据胡颂平编《胡适之先生年谱长编初稿》，在 1919 年内记载：

> 今年在北大开的“中古哲学史”一课，编有讲义。七章：第一章，泛论；第二章，道家；第三章，淮南子；第四章，董仲舒；第五章，“道士派的儒学”；第六章，迷信与科学；第七章，王充与批判的精神。

并注明有“北大出版部铅印本”。这个“北大出版部铅印本”，其实就是供北大师生内部使用的讲义本。这个讲义本没有公开出版过，只是其第七章曾单独抽出，以“王充的《论衡》”为题发表在《现代学生》（第一卷第四、六、八、九期）上，这四期连载的时间分别为 1931 年 1、3、5、6 月。在当年 5 月，此文又被单独抽出,作为章衣萍校点的《论衡》之序,予以发表;后又收入黄晖著《论衡校释》一书的"附编四"。1962 年,胡适为台湾"商务印书馆"印本《淮南王书》所作的"序"(手稿)中,就明确提到此事,说:

> 黄晖先生的《论衡校释》附录的一篇《王充》是我在民国八年写的《中国哲学史》讲义的一部分,不是我在十九年写的《中古思想史长编》的一部分。

事实上,"卷中"讲义本的第七章内容单独抽出之后,又略有改写,加之文章题目也有所改易,在没有发现整部"卷中"讲义本之前,并没有研究者能够将其与讲义本内容联系起来。也即是说,即便研究者有可能屡屡接触到这篇以"王充"为主要内容的胡适论文,却始终不知道这篇文章就是"卷中"讲义本的一部分。至于讲义本中其余的章节内容,则更是无法窥知一二;只能通过零星的年谱、日记、传记等文献资料,予以摸索与揣测而已。1960 年代,由台湾胡适纪念馆编印的《中国中古思想史长编(手稿本)》、《中国中古思想小史(手稿本)》、《淮南王书》等,似乎约略给出了一些线索,我们或可据此揣测,这些线索可能就是讲义本后来发展出来的学术思路与成果。

据唐德刚整理译注的《胡适口述自传》记载,胡适曾说过:

> 我在过去三十多年虽然没有出版《中国哲学史大纲》的续集，但我仍然写了若干专著，其中好几种也都是以专书形式问世的。例如我对《淮南子》的研究就有四万多字（指 1931 年出版的《淮南王书》）。《淮南子》是道家哲学中的巅峰著作之一。

可以看到，胡适后来出版的各类“专书”，可能就是其《中国哲学史大纲（卷中）》部分内容的拓展与修订，其中古哲学史研究的重要成果都是从“讲义本”中抽取演绎，并进一步发展成“专书”的。

不言而喻，《中国哲学史大纲（卷中）》讲义本对于研究胡适学术思想，及新文化运动中的哲学史研究成果，颇具“活化石”意义。假以时日，如果能够搜寻到这个讲义本，对胡适研究将有着极大的推动。然而，随着《胡适文集》、《胡适选集》与《胡适全集》等一系列大型丛书的出版，我们却始终没能看到承载着大量第一手信息的《中国哲学史大纲（卷中）》讲义本。这样一部近百年之前的讲义本是否还存在于世间，或者是否还在公共知识领域内流通，这不但是一个学术界的疑问，更是后世读者挥之不去的疑惑了。

卷中讲义本真容

2012 年 3 月，经多方努力，辗转从日本觅得了这部“讲义本”,终于有机会拂去疑云,重见庐山真面目。这是一册线装铅印的本子,共计五十二叶,一百零四面。每面十三行,每行正文四十字(小字双行夹注),全本共计约为54000字。特别值得注意的是,版心处印有“中国哲学史”、“汉代的哲学”、“胡适编”等字样,说明这仍是一部未完稿;因为胡适后来拟行的“中古哲学史”重编计划,是囊括两汉、魏晋、六朝、唐宋时期的,而非仅有汉代部分。

按照胡适1922年3月2日的日记记载:

> 拟重编《中古哲学史》,拟分两部,六篇:部甲,两汉魏晋。篇一,道家的成立;篇二,新儒教的成立;篇三,自然主义的发展。部乙,六朝唐(印度化的时期)。篇一,输入时期;篇二,分宗时期;篇三,革命时期。

眼前的这册讲义本,显然就是胡适1919年在北大讲授中国哲学史时,所讲的中古哲学史前半部分,即汉代哲学史的内容。

梁启超可能是最早看到这部讲义本的学者之一。据中国嘉德2009春季拍卖会2856号拍品——梁启超致胡适信札内容来看,至迟在1920年9月之前,胡适曾寄赠这部讲义本给梁,并请其校阅指正。而梁在信中,就径直称这部讲义本为“汉代哲学史”。

从整个讲义本的篇目来看,是符合胡颂平所编《胡适之

先生年谱长编初稿》中的记载的。共计七章:

> 第一章,泛论;第二章,道家;第三章,淮南子;第四章,董仲舒;第五章,"道士派的儒学";第六章,迷信与科学;第七章,王充与批判的精神。

但整部讲义,随讲随编的痕迹明显,与体系完善、条款清晰的出版物有着明显区别。譬如第六章"迷信与科学",篇名下用括号注明曰:"这一章是原稿所没有的。匆匆加入,后当修正。"说明这一章可能是胡适原拟重编的中古哲学史稿中没有的,而是为了在北大的某次授课而临时加入的。事实上,在这一章的版心处也明确印有"史学门二三年级"的字样,这正是胡适为史学门二、三年级学生授课时的讲义。

此外,在各章内容中数量极多的"文中注",也明确体现了讲义本的实用功能——其指导学生参照学习的意图明确,而并非按照中规中矩的学术规范来编写。如第三章"淮南子"中有"文中注"曰"看西洋哲学大纲三篇第二章";又曰"看原书";又曰"自动与被动的适合说详九篇第一章之末"。这些富于口语化,而又颇具指导性的"文中注",将胡适的授课要点一一指明,言简意赅。在第七章"王充与批判的精神"中,胡适更在章末加注曰:"《论衡》,这书没有好版本,明程荣本比较可用。""谢无量《王充哲学》,中华书局本。这书不好,但材料可用作参考。”所有这些,都体现着授课者胡适本人的学术考量与材料取舍,为学生明确指出了版本优劣,可用与不可用。

特别值得一提的是,新发现的这部《中国哲学史大纲(卷中)》讲义本中,还有大量的校改、注释及补正批注。从批注内容来看,其对讲义本的熟悉程度与思考深度,均接近于著者本人。是否即是胡适本人的批注,抑或当年胡适同道友人的手迹,还均有待于进一步考证(经笔迹核对与文义推测,批注者可能为顾颉刚,详见本书《胡适〈中国哲学史大纲(卷中)〉手批初考》一文)。

小结

在这一册难得一见的胡适讲义本中,大部分读者均会对那“匆匆加入”的第六章“迷信与科学”颇感兴趣。这一章读罢,可以明确地感受到,这篇文章不但是胡适“科学人生观”的思想雏形,而且还是后世所谓“科学与伪科学”之争的始作俑者。其文献价值、研究价值,可谓一眼即透。

而从教学层面来看,在讲义本中临时加入、即兴讲授的这一章,又正是胡适自己的才华与性情使然。讲义本中所记述的、所讲授的,其实也正是胡适一马当先、独开风气的思想魄力所在——临时加入的第六章,就是这种魄力的集中体现。再来看其他六个章节的内容,也无不体现着从思想框架到思辨细节上的诸多创见,这些章节也同样可为胡适后期思想作一索引,也都在胡适后来的著述中有所关涉与再探讨。熟悉胡适著述的读者,可以一目了然地看到这种溯源与发挥之间的关系。

2012 年适值胡适逝世 50 周年,这本近百年前的北大讲义本,悄然浮出水面,不禁让人浮想联翩,这样的巧合是否就是某种冥冥中的机缘使然。当然,胡适本人可能不会认同这种“怪力乱神”的说法,也绝不会以“机缘”来搪塞世事的种种变迁与规律。胡适也许会说,不要迷信机缘,一定要相信科学——只要讲义本的物质性还没有毁灭干净,它的精神性就迟早会发挥出来。

胡适 1917 年存照，初任北京大学教授期间。

蔡元培，任北京大学校长期间存照。

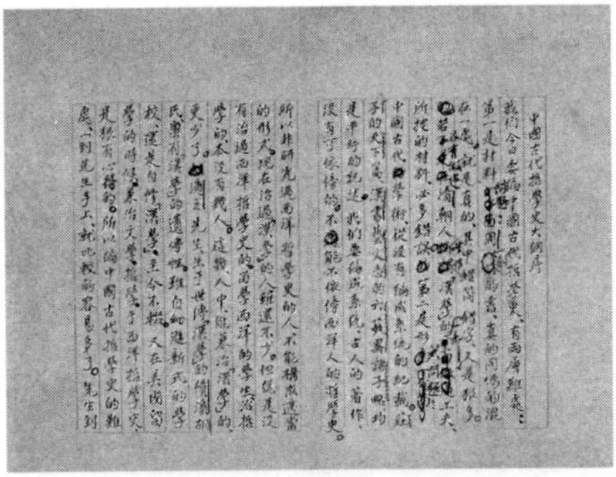

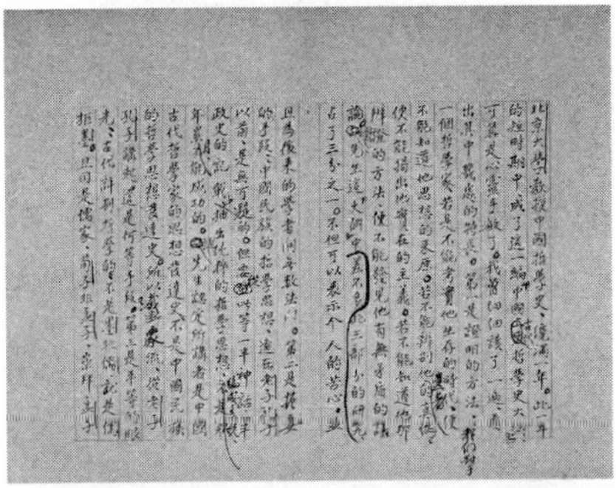

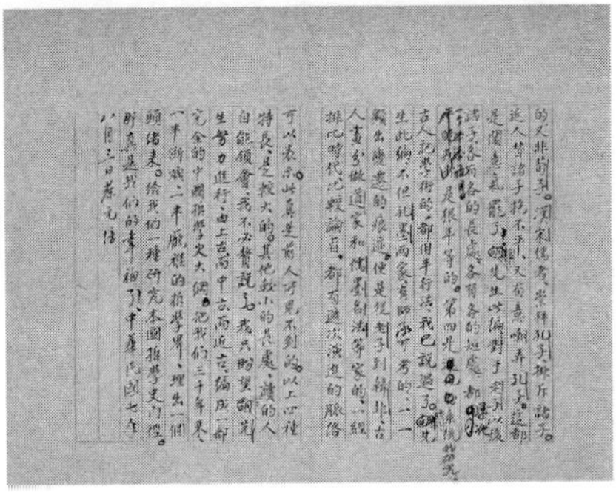

《中国哲学史大纲(卷上)》,蔡元培序言手稿。

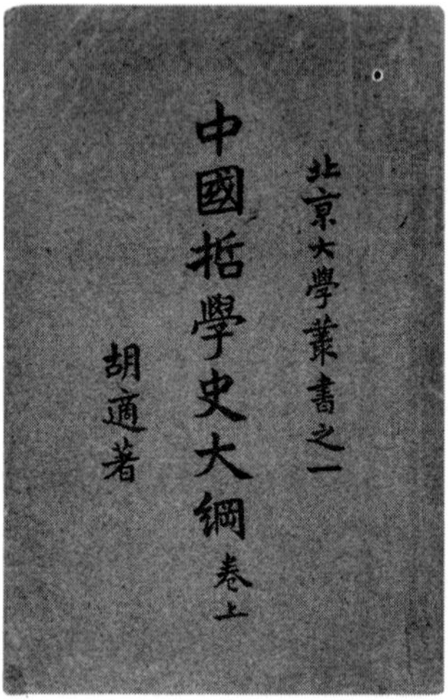

《中国哲学史大纲(卷上)》,1919年2月商务印书馆初版,迅即成为风行一时的“半部哲学史”。

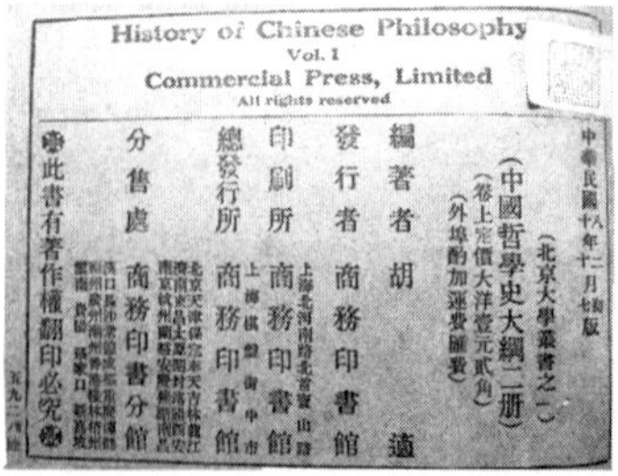

History of Chinese Philosophy
Vol. I
Commercial Press, Limited
All rights reserved

中華民國十八年十二月七版
(北京大學叢書之一)
(中國哲學史大綱二册)
(卷上定價大洋壹元貳角)
(外埠酌加運費匯費)
編著者 胡適
發行者 商務印書館
印刷所 商務印書館
總發行所 商務印書館
分售處 商務印書分館
此書有著作權翻印必究

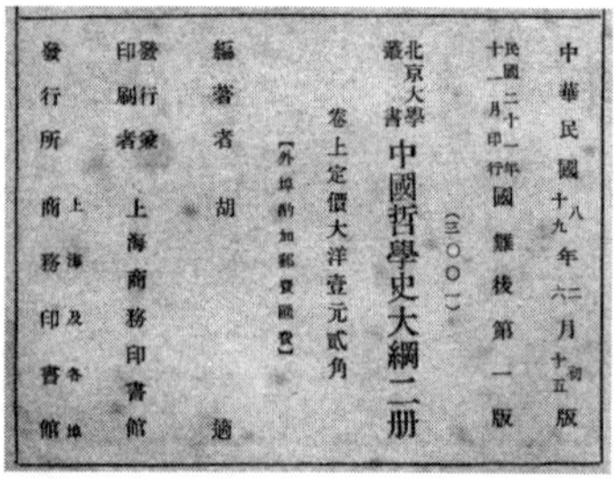

中華民國八年二月初版
十九年六月十五版
民國二十一年十一月國難後第一版
(三〇〇一)
北京大學叢書 中國哲學史大綱二册
卷上定價大洋壹元貳角
【外埠酌加郵費匯費】
編著者 胡適
發行兼印刷者 上海商務印書館
發行所 上海及各埠 商務印書館

《中国哲学史大纲(卷上)》,版权页明确显示“二册”。

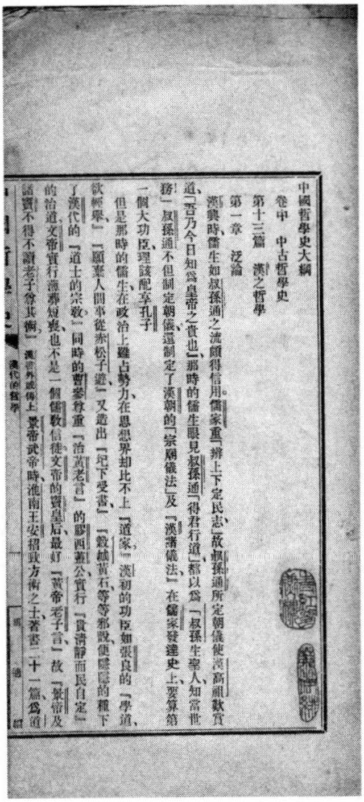

《中国哲学史大纲(卷中)》，1919－1920 年北京大学讲义本。

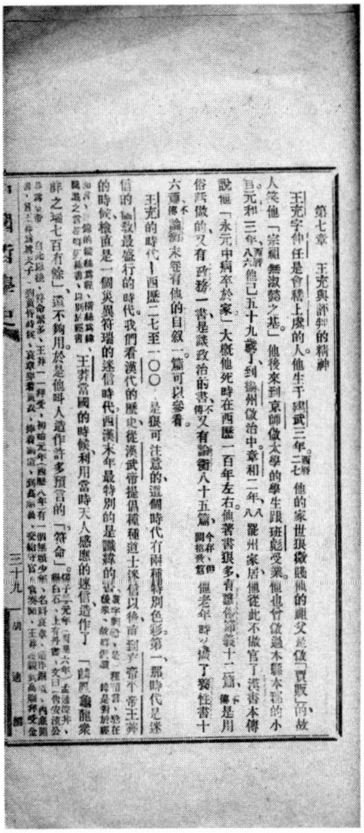

《中国哲学史大纲(卷中)》，第七章“王充与评判的精神”首页。

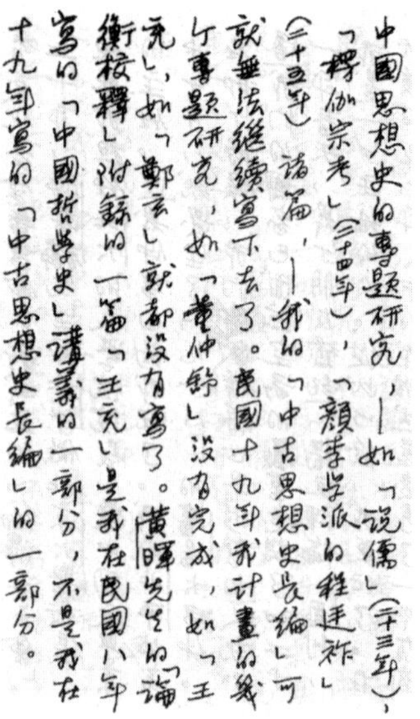
中國思想史的專題研究，——如「說儒」(二十三年)，「釋伽宗考」(二十四年)，「顏李學派的程廷祚」(二十五年)諸篇，——我的「中古思想史長編」可就無法繼續寫下去了。民國十九年我計畫的幾個專題研究，如「董仲舒」沒有完成，如「王充」，如「鄭玄」就都沒有寫了。黃暉先生的「論衡校釋」附錄的一篇「王充」是我在民國八年寫的「中國哲學史」講義的一部分，不是我在十九年寫的「中古思想史長編」的一部分。

1962年，胡适为台湾“商务印书馆”印本《淮南王书》所作的“序”(手稿)。

論 衡
胡 適 序
上 册
1931
上海大東書局印行

章衣萍校点本《论衡》，扉页。胡适序，款落1930年5月30日。

胡适《中国哲学史大纲(卷中)》手批初考

遥想近百年前的北大讲堂之上，二十岁出头的胡适之出现，在当时给中国学术界、文化界带来了怎样撼人心魄的震动？洋为中用也罢，疑古辨伪也罢；白话运动也罢，科学精神也罢。毋庸置疑，1919—1949 年 30 年间，胡适的影响力之巨大，始终贯穿于中国文化、学术的前沿与核心地带。

当年亲临其境，听过胡适授课的学生；或者后来辗转得到其讲义本研读的学者，无疑皆是幸运的。他们可以亲耳聆听那些闻所未闻的大胆设想与评判，他们甚至还可以随即记录课堂上的精彩语录、课后的心得体会，这些身临其境的原始记录，都将成为我们深入研究胡适其人其事其学说的重要材料。

新近发现的这部《中国哲学史大纲(卷中)》讲义本上，错落有致地用铅笔做了大量校注、听课笔记或课后心得。这些批注的内容，将有助于我们深入理解与领会讲义本的核心内容与主旨。有的批注本身，还体现着新文化运动期间的理论储备与精神再造过程，甚至于从中可以看到“古史辨”学派思想的雏形。通过核对批注笔迹及对批注内容本身的初步研究,讲义本手批者很可能即是“古史辨”学派中坚人物——顾颉刚(1893—1980)。

顾颉刚听课轶事

顾颉刚与胡适的初次接触是在大学二年级。这时胡适刚从美国学成归来,任北大教授。给学生讲中国哲学史,他没有沿袭传统的方法——从唐虞夏商开始,而是直接从周宣王以后讲起,顾颉刚后来回忆说:

> 这一改把我们一班人充满着三皇五帝的脑筋骤然作一个重大的打击,骇得一堂中舌挢而不能下。

胡适授课一反常规,开始许多人不以为然;但其鲜活生动的学术方法,却逐渐对学生产生了吸引力与说服力,选修胡适课程的学生也逐渐多了起来。起初带着惊疑与不满去听课的顾颉刚,后来也成为胡适讲堂中的忠实听众之一。

只比胡适小两岁的顾颉刚,已经为其治学理念与学术方法所折服。当时他与学国文的傅斯年(1896—1950),同住一室,经常交流学习心得。他曾对傅斯年说:

> 胡先生讲得的确不差,他有眼光,有胆量,有断

> 制,确是一个有能力的历史家。他的议论处处合于我的理性,都是我想说而不知道怎样说才好的。

他特别建议傅斯年去听胡适的课程,傅本来是黄侃门下的高徒,结果听了胡适的课,对其也大为叹服,终其一生成了胡适的追随者。

胡适的授课,让顾颉刚第一次领略到西方学科体系的科研方法,他后来在《我与古史辨》中回忆说:

> 那数年中,适之先生发表的论文很多,在这些论文中他时常给我以研究历史的方法,我都能深挚地了解而承受;并使我发生一种自觉心,知道最合我的性情的学问乃是史学。

又接着总结道:

> 我的《古史辨》的指导思想,从远的来说就是起源于郑、姚、崔三人的思想,从近的来说则是受了胡适、钱玄同两人的启发和帮助。

于此可见,顾氏"古史辨"核心思想体系的形成与发展,与胡适有极为密切的联系。

顾颉刚手批内容解析

当年听过胡适《中国哲学史大纲》课程的，见过、接触过、读过《中国哲学史大纲(卷中)》的人不在少数。但能对《中国哲学史大纲(卷中)》讲义本做出大量批注与校改的，且批注内容及质量，如此接近于胡适本人，并在此前提之下还有所拓延深入的，恐怕非顾颉刚莫属了。

在讲义本全部104个页面中，有手批的页面达到了93页之多。这些手批的内容有眉批、文中注、校改正文、补注等，甚至于连印刷脱漏字、排版格式、英文拼写等均有相当明确的批注。以至于笔者初次看到这些手批内容时，第一感觉竟是胡适本人的批改——因为从手批的数量与质量上来看，与著者本人学术水准无异；从手批的细致与精确程度来看，更与著者本人的责任意识无异。但通过多次核对笔迹及仔细研读手批内容之后(这期间曾致信台湾胡适纪念馆研讨)，发现手批者不是胡适本人，而应当是顾颉刚。以下举几个例子解析之。

(一) 中国学术的根本目的在于"求治"

譬如讲义本第三页第六面第一条眉批曰：

此务为拈一言，已足见东西哲学于最初时，已有异趣。在西洋最初时有可知识、求知识之言，中国古时阴阳儒墨、名法道德，则大前提为求治。第一条眉批曰：道家讲因天地自然，变到哪里他便随到哪里，所以汉朝人对于进化变进的观念很普遍，如《汉书》奏议等。又因为道家是主张因，所以就加了庄子一派。把自然看得太重，自己无为起来了。

这两条眉批写在讲义本第二章“道家”中，实际上阐明了中国古代哲学的宗旨所在——求治国之道而非纯粹求知。求知的前提即是求真，求治则几乎可以不预设什么绝对前提，只要能治理国家，随时、随机、随境、随遇而变化是必然的。批注者进而得出结论说：“汉朝人对于进化变进的观念很普遍。”言下之意，汉朝人对待学术的方法与观念，只要是为求治而设置，变造伪史、伪书也很正常，无可厚非。这种结论之下的汉代思想史视野，在顾颉刚的《汉代学术史略》中已经表达得淋漓尽致。在此书全部二十二章内容中，无一不围绕着汉代学术的“求治”目的展开阐论与辨析；顾氏本人藉此实施的“辨伪”与“史料判定”，也因为这个根本目的的明确而如鱼得水、得心应手。可以说，明确了中国学术的根本目的在于“求治”而非“求知”这个大前提，“古史辨”学派成立的基础也就不可动摇了。

(二) 阐论“伪科学”第一人

讲义本第五页第九面的眉批则更为鞭辟入里，让人拍案称绝。第一条眉批曰：

东西科学起点皆源于伪科学，如星学炼丹炼金术等，不谋而合。但西洋步骤清楚，所以成为真科学。中国不然。只有炼五金法传于世，而他种未进步。

第二条眉批曰：

推伪科学本皆趣于应用，随其因果关系不明，故谓天文有关于人生运命；不求医学卫生而求炼丹长生，谓丹有益于人生，斯大谬矣。

第三条眉批曰：

《淮南万毕术》，书已亡。《茆氏十种》内有由各书集来者，中间对于仿生物、磁石检物等等皆有研究，但步骤不清，故转而退步耳。

这三条眉批写在第三章“淮南子”中，前两条眉批首先祭出了“伪科学”的大旗来，让人耳目为之一震。断言“东西科学起点皆源于伪科学”，说法新颖，但道理朴实。这个断言，实际上阐明了东西方文明皆是源于“茫昧无稽”的远古时空，“伪科学”的诞生原本都是为了应用世界与认识世界。但西方后来转变为“科学”,西方人思想中有了“科学主义”这种核心方法论;而东方人则仍在“伪科学”阶段不进步,甚至还在退步。之所以产生这种状况,是因为东方人因果关系不明、方法步骤不清造成的。首先要在方法步骤上加以厘清与规范,再进一步认识“伪科学”与“科学”之间的因果关系及转化条件,当然就是这堂课的中心思想与倡导精神所在了。

如果说“东西科学起点皆源于伪科学”这句话,可能奠定了手批者为近代中国阐论“伪科学”第一人之地位;那么,“伪科学”这一名词实际上还是从胡适的这个讲义本中抽析、提炼出来的。发源者的确可以归于胡适名下,发明者则要推这位手批者之功。需要特别指出的是,后世某些研究者,在所谓“伪科学”概念及其文化史运用中,总倾向于溯源至“新文化运动”,总认为“新文化运动”的破旧立新之宗旨,所破的“旧”——旧的文化传统、旧的文明遗产就正是“伪科学”。而且更进一步,据此认为“伪科学”概念的始作俑者胡适,对传统文化一概视之为“伪科学”,一贯主张彻底破除。其实不然。

胡适这部讲义及其相关著述中并未明确提出过“伪科学”一词,也并未将“伪科学”概念强加于中国文化传统及文明遗产之上。胡适终其一生,要击溃的东西是“迷信”,这种东西无论新旧,皆是不符合“科学精神”的,但并不确指或专指中国文化传统及文明遗产就是需要破除的“迷信”本身。

手批者在此提炼出来的“伪科学”名词，也无非就是“古史辨”学派常用的“辨伪”手法，诸如“伪经”、“伪史”、“伪书”之类，只是便于论说学理、阐示比较的一种代名词。“伪科学”本身没有明确的贬义，是一个“中性词”，“东西科学起点皆源于伪科学”正是来说明这样一个中性的学理问题。当然，伪科学可以发展为科学，这算是进步；不发展科学还要迷信伪科学，这就是落后与退步了。

从《淮南子》时探究出“伪科学”与“科学”的发展转变，当然是以胡适首倡的“科学主义”话语背景下的应有之义。因为此条眉批的存在，我们或许可以进一步将“伪科学”这个名词在中国的正式诞生，提前到1919年前后；当然，这还只是讲义本给我们的一则题外话。“伪科学”与“科学”之间的因果关系及转化条件，东西方思维方式的先天差异及后天扭转，才是胡适这堂课的重点所在。这样的观念与眼界，至今看来，非但未曾过时，简直还能适用。胡适讲义的精义如此，手批者的用意也正如此。

（三）徽州人的稀饭

在阐论“伪科学”手批的这个页面上，还有一条颇具学术功底的“文中注”。这条批注，实际上是在讲义本正文所引《淮南子》的一段话中的一个字作校改之后的补注。所引《淮南子》“原道训”中的原文为：“……横四维而含阴阳，纮宇宙而章三光；甚淖而济……”这个“济”字，被手批者明确地改为

“湣”字,紧接着给出了一条补注曰:

> 今徽州人谓稀饭,尤谓之淖湣湣,与原义丝毫不谬,可见任存古义。又淮南子地近徽州。

这条批注谈到徽州人对稀饭的俗称问题,并以之拓展到《淮南子》的校注方法;不但视野开阔,而且眼光独到。

可以肯定的是,这条批注内容,应是出自胡适授课中的原话,而非批注者自己的观点。因为在 1923 年 3 月,胡适为刘文典所著的《淮南鸿烈集解》撰序中就曾提到此条内容,并进而建议,应该加强对古籍经典中的方言俗语研究。后来风行一时的,由北大蔡元培校长首倡,顾颉刚、周作人等皆投身其中的“歌谣”、“俗文化”研究的潮头,看来在胡适这里已经可以溯到源头了。另一方面来看这条批注,如果没有深厚的古文训诂功底,如果没有熟读过《淮南子》的各家校注本;如果没有亲身听过胡适的授课,如果没有对胡适学说的深入了解乃至面晤交流,是不可能写出这么一条独具价值,且颇与胡适观念相一致的校改批注的。

(四) 改制与改人生观

“淮南王”这一章中的眉批,不但语涉“伪科学”等方法论问题,还提到了变法与伪书的问题。讲义本第十一叶第二十一面有眉批曰:

> 儒家讲变法者有王莽、刘歆等人，此等不顾物议、知弊而变，诚为难能可贵。惟多取据于造伪书，以成其说，以宥于儒说不得不如此耳。呜呼，儒家谈变法者其心亦苦矣。返而观法家淮南所言，如本段所引，指其弊而明其变，为势所通，毫不引古态度，较儒家为光明，方法较王莽为直接。其利诚有是多者。

在批注者看来，变法是必须的，无论儒家还是法家，都要顺势而为，除旧弊变新法。但儒家变法总还希望引经据典，总想要"师出有名"；于是从汉代开始，儒家开始大规模制造伪经、伪书、伪史。淮南王比儒家高明，直接指出旧法弊端，说明变法必要，这比儒家的做法更光明正大，比王莽的变法更为直接有效。这是手批者从胡适讲义中引申出来的心得，淮南王及《淮南子》一书在汉代哲学史上的重要性由此亦可见一斑。自胡适将淮南王倡为汉代哲学史上唯一的革新派之后，淮南王及《淮南子》研究在近代中国算是拉开了大幕。

此后，胡适本人的《淮南王书》、刘文典的《淮南鸿烈集解》、刘家立的《淮南集证》接续出版，《淮南子》一书的史料价值与思想史意义进一步得到了肯定与巩固。在汉代这样一个伪书盛行的年代，《淮南子》是可以直接反映汉代思想的未经窜改的原始材料，这在胡适及手批者看来，已成定案。再来看顾颉刚所著的《汉代学术史略》所附"战国秦汉间人的造伪与辨伪”一文，其中明确提到过《淮南子》在汉代思想变革史中的特色，他写道：

> 他们看儒墨之徒都喜欢“托古改制”，而结果闹得一团糟；所以他们起来“托古改人生观”，把对方的古制讥笑得一钱不值。

在顾氏看来，《淮南子》的作者们不是真信古史古制，他们是用“以古制古”的方式来间接攻击当时儒墨盛行的“托古改制”运动。这一观点，无疑是和手批者的论调相契合的。

（五）王莽与袁世凯

关于汉代是造伪书的盛行时代，这一观点，在第五章“道士派的儒学”中，也有大量批注予以拓展和确证。讲义本第二十三叶第四十五面眉批曰：

> 汉时为古今造伪书时代，所以然者，当时君王比民国野军尤为恶暴，诸子急思改制，而其于无所依附，故尤其造伪书以实之。

手批者将汉代的政治环境与民国的军阀割据相提并论，无疑颇具现实眼光；这也很容易联想到顾颉刚在《汉代学术史略》“王莽的受禅”一章中，将王莽与袁世凯相提并论的那种笔法。

顾颉刚在“王莽的受禅”一文中总结说：

> 从此以后，凡是换朝代而出于同民族的，便没有不依照这个成例的，行禅让的典礼的。所谓征诛，只供异民族的使用罢了。王莽固然不久失败，但这“心法”是永远传下去了，直到袁世凯的筹安会还是如此。

而在这里，讲义本手批者的论调与其相似，将这种政治环境下伪书盛行，归结于希图变法的儒士所为，则又无疑于一种推己及人的情景还原视角。治史而不宥于史，考古而不泥于古；研究中国哲学史不是罗列史料与典籍，而是从中抽取出有益于看待现实社会并进而触动与改造社会，才是胡适们治史的真实动机与热烈诉求。手批者显然已经深为胡适学说所感化，并进而为这种学说提供推理支撑了。

（六）政治视野中的学术观

其实，在第五章“道士派的儒学”的批注中，批注者已经基本将汉代儒学的变迁与整个中古思想史通融一气，并进而摸索出了所谓“中国中古思想史”的发展脉络。讲义本第二十叶第三十九面上眉批曰：

> 汉朝儒家所以成为宗教的原因，第一是因为当时从汉高征伐的并不是为汉出力，乃是为自己报仇伸

冤。所以立楚怀王张良为韩报仇。第二,汉高以防诸侯之谤,不立六国后都立同姓者,当时一般遗老可视诸侯王,有机可乘又要鼓吹革命。儒教乘此机会,遂倡名分、朝仪等大典以取悦一时。后来人怕君权太大了,发淫威,于是又以推出大道来压君主。而君主迷信神仙,间接起又变而儒家,本身亦多为道家矣。

从国家意志的高度,来看待君权与文化、政治与学术之间的关系,是胡适学说延伸到史学领域之后的新气象。以顾颉刚为代表的"古史辨"学派,与以傅斯年为代表的"新史学"派皆是在这种学术新风之下的产物。讲义本的上述手批内容,系统地反映了这一治史新视野的思维模式。儒学之所以成为儒教,一方面有维护君权的需求,成为国家意志的某种体现;另一方面与道教相融合,神秘主义因素的渗入又具备了宗教的体制。二者缺一不可,既相互制约又相互促进。以这种眼光来看待儒家学说种种,无疑都是可以从"求治"角度来加以分析的,儒家经典不再是万世不易的铁板一块,铁板本身的诸多时代杂质是可以分析、筛选、辨识出来的。

这一套思维模式,实际上正是后来"古史辨"学派的立论之基。顾颉刚的《汉代学术史略》,就正是这样一种思维模式下的专题集成之作,无论从学术观念还是从编撰体例上来看,与《中国哲学史大纲(卷中)》可谓一脉相承。手批讲义者,即顾颉刚,几无疑义。

余论:“古史辨”理论来源新证

通观讲义本93个页面的眉批、文中注、校改等手批内容,不能不让人联想到“古史辨”学派的思路与观点。提到“古史辨”学派,联系到胡适所著的这个以“汉代的哲学”为主要内容的讲义本,1935年出版的《汉代学术史略》,似乎正是讲义本内容的专题扩写与发挥。

《汉代学术史略》的作者顾颉刚,与胡适的师生之谊、学术之通、私交之密历来已有诸多故实确证,在此毋庸赘言。作为胡适讲堂中的学生,顾氏当年聆听到的真人口述版《中国哲学史大纲》,究竟是何种面目,对其又究竟有多大触动与启迪,现在也只得在一本又一本的胡、顾二人著述中找寻蛛丝马迹而已。新近发现的这部胡适讲义本与《汉代学术史略》一书的思想亲近之关系,单单从内容上来参照分析,也昭然若揭,无须多言。讲义本的大量批校手迹,或可为我们深入理解胡、顾二人的思想承续与转变再添佐证。

学界所谓“古史辨”派三巨擘——胡适、钱玄同、顾颉刚,事实上是由胡氏开科学系统治史之风气;钱氏辟今古文皆疑之思路;顾氏创上古、中古史辨伪之方法;在共同的治学旨趣与共通的学术志趣之下,合力造就的史学研究新局面。虽然由于顾氏数十年的勤思博著,而几成“古史辨”派的唯一代言人,但开风气之先的胡适功不可没,后世研究者不应置其“思想导师”的地位于不顾。近来,通过胡、顾二人的来往信札、日记及论学文章来研究二人的“古史辨”思想方法之交流与承续,几成学界共识;而讲义本中大量的批注手迹,更无异于一部生动的课堂笔记;既可算做当年“古史辨”学派的孕育记录,也可看做是《汉代学术史略》的选题札记。

无论如何,讲义本及其手批之内容,都将为我们深入理解“古史辨”学派的理论来源提供原始材料;也将为我们充分研究胡适与顾颉刚的中古思想史框架提供有力支撑。简而言之,理解胡适与顾颉刚眼中的汉代哲学与思想,讲义本及其手批之内容,都将是后世研究者们绕不开的珍贵史料。

胡适，1934 年存照。

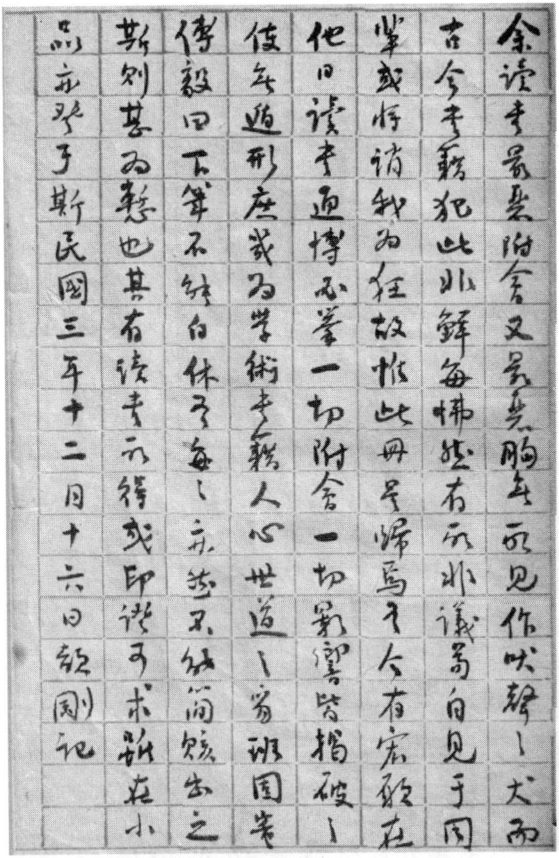

顾颉刚“寒假读书记序”手稿，1914 年 12 月 16 日记。

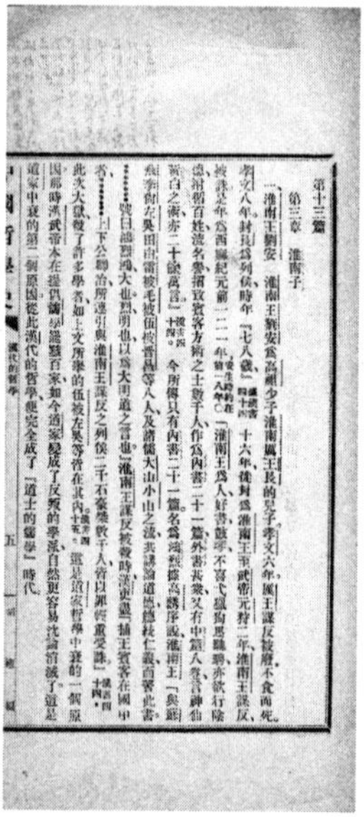

第十三篇

第三章　淮南子

一、淮南王劉安　淮南王劉安爲高祖少子淮南厲王長的兒子。孝文六年，厲王謀反被廢，不食而死。孝文八年，封長爲列侯，時年「七八歲」。（漢書四十四）十六年，徙封爲淮南王。武帝元狩二年，淮南王謀反，被誅。是年爲西曆紀元前一二二年。（安生時約在前一八〇年）「淮南王爲人好書鼓琴，不喜弋獵狗馬馳騁，亦欲行陰德拊循百姓，流名譽。招致賓客方術之士數千人，作爲內書二十一篇，外書甚衆，又有中篇八卷，言神仙黃白之術，亦二十餘萬言。」（漢書四十四）今所傳只有內書二十一篇，名爲鴻烈，據高誘序說，淮南王「與蘇飛、李尚、左吳、田由、雷被、毛被、伍被、晉昌等八人，及諸儒大山小山之徒，共講論道德，總統仁義，而著此書，號曰鴻烈。鴻，大也；烈，明也；以爲大明道之言也。」淮南王謀反被發時，漢吏逮「捕王賓客在國中者。……上下公卿治所連引與淮南王謀反之列侯二千石豪桀數千人，皆以罪輕重受誅。」（漢書四十四）此次大獄殺了許多學者，如上文所舉的伍被、左吳等皆在其內。（漢書四十五）這是道家哲學中衰的一個原因。那時漢武帝本在提倡儒學，罷黜百家，如今道家變成了反叛的學派，自然更容易沈淪消滅了。這是道家中衰的第二個原因。從此漢代的哲學便完全成了「道士的儒學」時代。

漢代的哲學　五

顾颉刚手批胡适讲义本之“东西方科学皆源于伪科学”之一

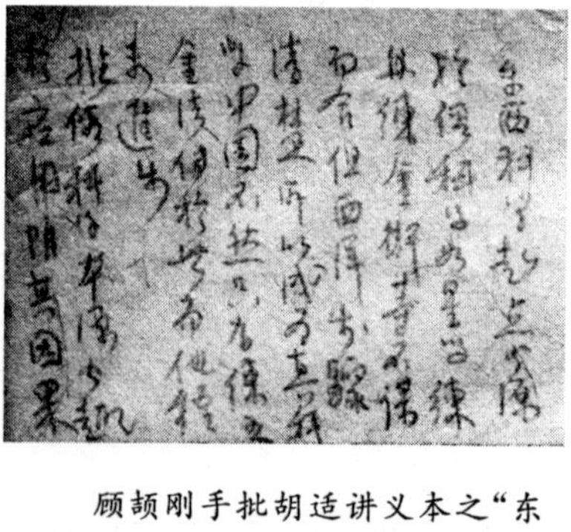

顾颉刚手批胡适讲义本之“东西方科学皆源于伪科学”手迹局部

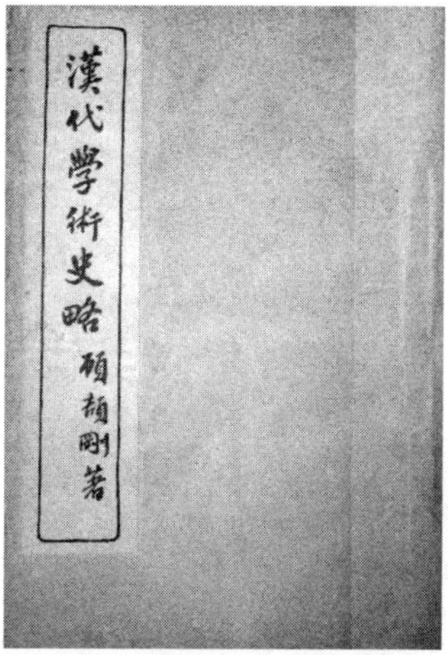

顾颉刚著《汉代学术史略》，初版本，上海亚细亚书局，民国二十四年(1935)8 月初版。

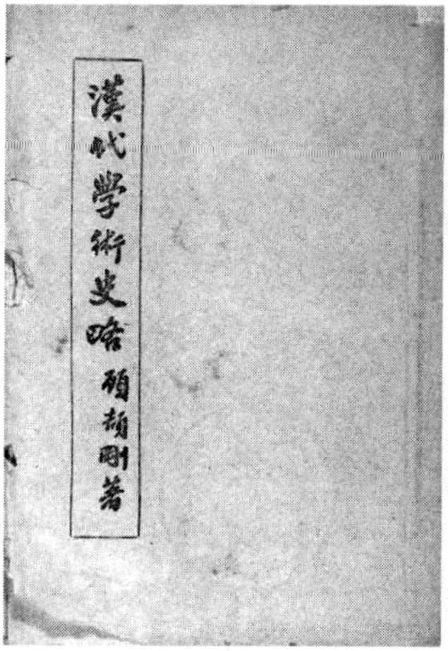

顾颉刚著《汉代学术史略》，毛边本，成都东方书社，民国三十三年(1944)4 月再版。

胡适与北大史学门

史学门 1919

北京大学历史学系,始于 1899 年京师大学堂设立之史学堂,是近代中国最早的国立史学高等教育机构。1900 年夏,京师大学堂遭八国联军毁坏。1902 年末,中国政府在恢复京师大学堂的章程中,规划设立史学目,1903 年改设中国史学门和万国史学门。次年夏,京师大学堂开始进行预备科和师范馆的史学教育。1910 年 3 月,京师大学堂分科大学(相当于四年制本科)的中国史学门开始招生。辛亥革命后,京师大学堂 1912 年 5 月改为国立北京大学。五四运动后,1919 年 8 月,校评议会依新制将中国史学门改称史学系。

1919 年,这一年,是北大“史学门”这一名称在中国高等教育史上的最后一年。1917—1918 年,在史学门教授“史学原理”的黄节(1873—1935),开设有课程“中国通史”、“中国史学通义”,但因其授课方法与内容均得不到学生欢迎,到 1919 年时,课程只得暂停。这时,原本从 1917 年秋开始担任北大哲学系兼英文学系教授的胡适，正在讲授中国哲学史；他的这门课程，作为史学门选修课之一，受到了众多史学门学生的关注与推崇。他们纷纷选修胡适的中国哲学史课程，以此替代暂停授课的“史学原理”课程。

一位在1917—1920年曾就读于史学系的，名叫丘耀芳的同学，不但经历了史学门、系之变，还经历了由黄节的必修课“史学原理”，改为选修胡适“中国哲学史”的难忘学期。他多年后给胡适写过一封信，对当时史学门老师的授课有如下一段回忆：

回忆民国六年，校长蔡公拟整理我国史籍而发展中国史学，创办中国历史学系，学生因颇喜读故事书籍，遂投考历史学系，幸获录取。当时史学系教师，如黄老师晦闻任“史学原理”，张老师相文任“中国地理沿革史”，陈老师汉章任“中国通史”，叶老师浩吾任“中国法制史”，均学问渊博，为各同学所敬佩。惟以缺乏方法，未能引起学生研究兴趣。各同学尤感乏味者，如黄晦闻老师讲授之“史学原理”，完全以梁玉绳《廿四史札记》为蓝本。黄老师知不能引起学生精神，因而停讲“史学原理”一课，转由钧长（即指胡适）担任讲授。钧长于上课时引举中西史学之起源及其发展原理，滔滔不竭，各同学精神异常振奋。嗣钧长因哲学系功课太忙，不能兼顾，仅授课一小时，遂又停止，各同学大感失望。后由陶老师履公接续讲授，所讲者为古希腊、罗马之零碎史实，而少条理，各同学亦不感兴趣。未几陶老师又辍讲，自是“史学原理”一科无人担任，遂付阙如。（《罗滨荪等请求发给毕业证书函》，北京大学档案馆，BD1946162）

显然，胡适的演讲型授课风格很受欢迎，其融会贯通、平易通俗的教学理念获得了北大史学门学生的青睐。胡适虽为“代课老师”，却并不照本宣科，没有照搬原有教学计划；而是别有发挥，另辟蹊径。在这封学生来信中，我们看到，在原本哲学系教学任务繁重的情况下，胡适似乎也没有完全按照“中国哲学史”的科目继续讲授，而是根据史学门教学特点，针对“中西史学之起源及其发展原理”重点讲授。

特别讲义：迷信与科学

那么，史学门学生在 1919 年听到的胡适的授课，是不是就是我们熟悉的那再版多次，让胡适“暴得大名”的《中国哲学史大纲（卷上）》的相关内容呢？实际上，并非如此。史学门学生们所听到的胡适课程，应当已经是《中国哲学史大纲（卷中）》的内容，而非《中国哲学史大纲（卷上）》。

据胡颂平编《胡适之先生年谱长编初稿》，在 1919 年内记载：

> 今年在北大开的“中古哲学史”一课，编有讲义。七章：第一章，泛论；第二章，道家；第三章，淮南子；第四章，董仲舒；第五章，“道士派的儒学”；第六章，迷信与科学；第七章，王充与批判的精神。

并注明有“北大出版部铅印本”。“北大出版部铅印本”，其实就是供北大师生内部使用的“讲义本”。这个“讲义本”没有公开出版过，当年只有胡适本人、哲学系学生与选修这门课程的史学门学生可能持有。但因年代久远，这份珍贵的讲义历经百年世变，已经极难寻觅。

幸运的是，新近发现了《中国哲学史大纲（卷中）》讲义本。这不但为我们揭示了这份“代课”讲义真容全貌；特别值得一提的是，这份讲义中还有胡适为史学门学生特别撰写的授课内容。可以看到，这些授课内容既与中国哲学史的整个发展脉络相关联，又特别适合史学门“史学原理”这一科目的学习。

譬如第六章“迷信与科学”，篇名下用括号注明曰：“这一章是原稿所没有的。匆匆加入、后当修正。”这一章临时加入的内容，事实上就是胡适为史学门学生特别撰写的。在这一章讲义的版心处明确印有“史学门二三年级”的字样，这正是胡适为史学门二、三年级学生授课时的讲义。

讲义本中这篇“迷信与科学”，在胡适日记中明确提到的只有一次。可以看到，在 1920 年 3 月 29 日的日程表上，在上午 9:00—12:00 的事项中，胡适写道：“作《迷信与科学》。”而在 1920 年 4 月 21 日的日程表上，在上午 8:00—10:00 的事项中，胡适写道：“哲学史、六章完。”日记中提到的“六章完”，是指“中古哲学史”的第六章授课完毕，还是指“中古哲学史”总共六章至此全部授课完毕，或许还需要进一步辨析与考证。但无论有着怎样的文献疑点，有一点确实是肯定的，即“迷信与科学”一篇的写作时间不是 1919 年末，而是 1920 年 3 月 29 日。

这是否意味着胡颂平等人及目前通行的胡适年谱记载有误呢？这是否就可以定论，《中国哲学史大纲(卷中)》北大讲义本的印制时间不是 1919 年，而是 1920 年。应当说，这样的疑问合乎常理；但之所以产生这样的疑问，是因为不了解民国时代大学讲义的印制流程。其实，民国时代大学讲义的印制，并非如正式出版物那样全稿全印、统一出版，而是根据教师授课情况、撰稿情况随写随印、随讲随编，整个印制过程是根据收稿进程排定的，一部讲义本要最终装订成册，可以持续一个学期。

就以 1923 年 10 月开始在北大任教，接替吴梅讲授“中国戏曲史”的许之衡(1877—1935)为例，他当年编印的讲义就完整地体现了北大讲义的印制流程。他编制的《作曲法》讲义,是铅印线装册,每一筒子页末均以小字铅印有学校印制厂的收稿时间与页数,以及何时印出几页的说明,印制周期一目了然。可以看到,从当年"五月十一日收稿二十六页,六月四日印出四页",到最后"十月十二日收稿二十六页,十一月十二日印出二页"为止,一册五十二筒子页,一百零四个页面的讲义,刚好断续印制了六个月,即半年的时间。由此可见,《中国哲学史大纲(卷中)》北大讲义本的印制时间约从1919年末开始,至最后一章"王充与批判的精神"(日记记载为1920年5月4日撰毕)撰毕印成,持续的时间差不多也是半年。

换句话说,我们目前看到的这一册《中国哲学史大纲(卷中)》讲义本,极可能就是当年一位史学门学生在选修胡适课程后,在一个学期内根据课程顺序精心装订而成的。由于其印制与装订周期过长,与上述提到的许之衡《作曲法》讲义一样,胡适的《中国哲学史大纲(卷中)》讲义本,即使在当年的"国立北京大学出版组售书处"里,也是买不到的。从一份约1930年代印制的《国立北京大学出版组售书处草目》来看,在其罗列的各式讲义名目中,均没有看到《中国哲学史大纲(卷中)》讲义本在列。按照随讲随写、随讲随编的讲义本印制流程来看,这类并不是全稿印制、并不公开发售的讲义本,如果没有听课学生的精心搜集与装订,将很难一窥全貌,完整存世的可能性微乎其微。

特别讲义：新史观振奋新青年

由于胡适日记记载的过于简略与部分阙失，我们不但无法确证《中国哲学史大纲（卷中）》北大讲义本的具体印制周期，更无法确证其在北大史学门的具体授课时间。因为胡适不但在北大哲学系、中文系有正式授课，在北大史学门有选修课，还在北京高等师范学校、北京女子高等师范学校、中国大学等处授过课，《中国哲学史大纲》这门课程的“卷上”与“卷中”部分，在上述这些院校学系中往往是交替进行的；而除了在北大之外的院校授课，胡适于日记日程表中均予以明确标注外，北大本校的授课并未明确标示出哲学系、中文系与史学门之分。尤其是《中国哲学史大纲（卷中）》的授课内容在北大各系内如何安排，更加难以确定。但根据日记现有内容推断，基本可以肯定的是，讲义中的第六章“迷信与科学”如果在1920年有过讲授，在北大哲学系、史学门、北京高等师范学校、中国大学都应有过讲授。而北大史学门的学生，应当是这堂课的首批听众。

可以想象得到，此时此刻，选修胡适课程的史学门“新青年”们的激动心情；同样的，胡适也将为面对这样一批“新青年”而倾尽全力，淋漓尽致地展现其新文化导师风范。这一堂课开篇破题，胡适开门见山地向新青年们发表了自己的

“新史观”，颇发人深省：

> 研究西洋科学史的，知道科学的出身是狠微贱的。古代的天文学是祭司僧侣的遗赐，近代的天文学是从星命学（Astrology）出来的。化学是从炼丹术与炼金术（Alchemy）出来的。物理学与医学也是如此。我们从这个观点来看汉代的种种道士的迷信，也可以寻出一些狠有价值的科学上的贡献。

在那个“德先生”与“赛先生”们振臂高呼的时代，新文化运动的旗手人物——胡适却一反常态地提出，西洋“科学的出身是狠微贱的”，而中国“汉代的种种道士的迷信”，却“可以寻出一些狠有价值的科学上的贡献”。作为“迷信与科学”一章的开篇语，这样的提法无疑是相当震撼人心的；须知这是一百年前北大讲坛之上，由发起过“文学改良”、“国学已亡”论调的胡适提出来的，实在有点令当年的新青年们匪夷所思。或许，这也正是让史学门学生在这堂选修课上所刻骨铭记的来由之一罢。

紧接着，胡适运用了相当多的细分史料、比较数据与综合分析，从中国古代天文学、医学着手，阐明了开篇观点。他认为，与西方科学的起源相一致，中国古代科学技术的起源仍是源自于“迷信”；从根源上讲，西方炼金师与中国道士们

没有本质的区别,西方科学与中国古代科学技术在起跑线上原本是平等的,并无孰优孰劣之分。在讲义中,他提出:

> 总括道士的迷信,最重要的不过三种目的。第一是求长生不死,第二是求炼金致富,第三是求知天道与人事的感应关系。中国的中古时代从第一个目的上发生了医学。从第三个目的上发生了天文学、数学。只有第二个目的——炼金致富——却不曾有什么科学的贡献。但是古代的炼金术虽不曾产生化学,却也曾增加了许多科学的常识。

就上述三个分论点,胡适娓娓道来,极尽史料剖析之力,为史学门的这堂选修课增色添彩。他谈到汉代天文学对观星、测历、数学计算等多方面的探索与进步;他更谈到了汉代医学的发源,中医的历史成因及其特色等等,所有这些内容在当时的北大课堂乃至全国范围内,都是创例,是开创性的讲法。“代课老师”胡适,另起炉灶的临时讲义,也是近代中国以西方科学视野开讲中国古代天文学、中国古代医学的先例之一。

虽然对中国古代最终未能产生系统科学,最终未能形成国家意志层面上的科学精神而倍感惋惜,但胡适还是为中国古代科学思想做了一番客观定位,他得出结论说:

> （古代迷信的）这些观念在现在看来，自然是阻碍进化的东西。但从历史上看来，阴阳五行等观念在当时，确是狠有功效的工具。有了这些观念，方才可有假设的学理，方才可有系统的理论。

可以设想，近百年前的史学门学生在听到这样的"史学原理"课程时，是怎样的一番深受启迪与心灵震撼。无怪乎，那位叫丘耀芳的同学会在给胡适的信中称"各同学精神异常振奋"。当然，如果没有亲眼见到这部新近发现的《中国哲学史大纲（卷中）》讲义本，如果未能读到这一章为史学门专用的"迷信与科学"，对"各同学精神异常振奋"的说法也是无法深刻领会的。

杜威访华与胡适代课

其实，这种让人"精神异常振奋"的讲授，还很容易让人联想到胡适其师杜威的访华论学之旅。就在胡适为北大史学门讲授"迷信与科学"的前一年，爆发"五四运动"的那一年，1919 年 2 月，胡适得知杜威到日本游历、讲演的消息后，即致函时任南京高等师范学校教育科主任的陶行知，联合多方人士，邀请杜威访华。作为杜威少有的中国及门弟子，胡适在国内首先对杜威学说作了详细的文字介绍，并作为北大代表，也是北京教育界唯一的代表，去上海欢迎杜威访华。

在杜威历时两年的中国行中,胡适大半时间都陪伴在侧,甚至打算辞去北大职务专门陪同杜威。当年听过胡适做翻译的杜威讲座的赵元任夫人杨步伟后来回忆:

> 1919年秋的一天,她的一位朋友约她到北京高师去听杜威讲演,她因不懂哲学又不懂英文,不想去听,朋友则劝她:你不用想这个那个的,有一位北大教授胡适之先生做翻译,不但说的有精神,而且说到一般人都可以懂哲学,他本人还非常漂亮有风采,你非去听一次不可。杨去听了后,对胡适的翻译赞不绝口。

可想而知,杜威哲学在中国的影响力,有相当大程度上是借助了胡适的评介与再诠释,而胡适的演讲与表达魅力也为杜威哲学增色添彩。

杜威的实用主义哲学,实际上是一种渗透着生物学、心理学等各门类科学精神的综合哲学。杜威强调"动态经验论",经验不只是纵横相关,绵延发展,而且经验自身是有机性的。经验是具有扩张性、生长性、相关性与预测性的。这种哲学的基本特征乃是,以专门科学的细分研究达成一种可以用科学概念加以解释、阐释的形而上学观念。这种哲学观念将宗教、科学、哲学的思想史地位拉平,不再有"谁统领谁"

的终极拷问,而是将其加以综合运用,以“用”为主,以“证”明“实”。称其为“实用主义”,正基于此。反过来看此时胡适的哲学思想、哲学史思想,也正基于此。

在1920年,以古代天文学、医学的比较研究,来综合讲述中国哲学史的胡适,以及后来主要运用辨析伪书伪史,来确证中国哲学史的胡适,其认识论模型与方法论模式,无一不与杜威哲学异曲同工,无一不与杜威思想殊途同归。作为“五四运动”之后的授课内容,“迷信与科学”一章所体现的学术思想,正是某种文化革命意义上的“动态经验论”。这就是胡适所一贯强调的“新史观”,就是要历时性与共时性地看待中国古史,即以变革与不变的层面同时考察与评判史料——史料可以有两种,动态的与相对有序的;即以需要变革与怎么变革的层面去同时思索与阐发史料——史实可以是两种,能动的与被推动的。后人解读或研究胡适思想,尤其是在“五四运动”之后的学术思想,是无论如何也绕不开这个“动态经验论”的。

返归现场,历史镜头下的新青年们,或许还未能从“五四运动”的热烈与激扬中,抽身而去。此刻,胡适已经将“五四运动”的思想“地震”转化为缓释的、频次更高、更富规律感的“余震”,他试图用“新史观”来持续影响与塑造新的头脑。他认为,只有在这样的新头脑中,才有可能将“五四运动”的革命激情转化为可持续性发展的革命成果——中国哲学与文艺、文化的全面复兴。而当年史学门选修胡适课程的同学,可能压根儿也没有想到,在中国传统史学的授课模式中,会如此这般的“史学原理”?“精神异常振奋”的听课者们,正经历着前所未有的震撼与启迪。旧有的“纲常史观”正在经历一场“蝶变”——历史不再是固有的记录而是动态的认识,历史不再是封闭的表格而是整合的经验。

胡适1920年代存照。

1920年3月14日，胡适与李大钊(右一)、蔡元培(左二)、蒋梦麟(左一)合影于北京西山。

1924年9月，胡适(三排左二)与北大国学门同人(左起一排：董作宾，陈垣，朱希祖，蒋梦麟，黄文弼；二排：孙伏园，顾颉刚，马衡，沈兼士，胡鸣盛；三排：常某，胡适，徐炳昶，李玄伯，王光传，夏鼐)在三院译学馆原址合影。

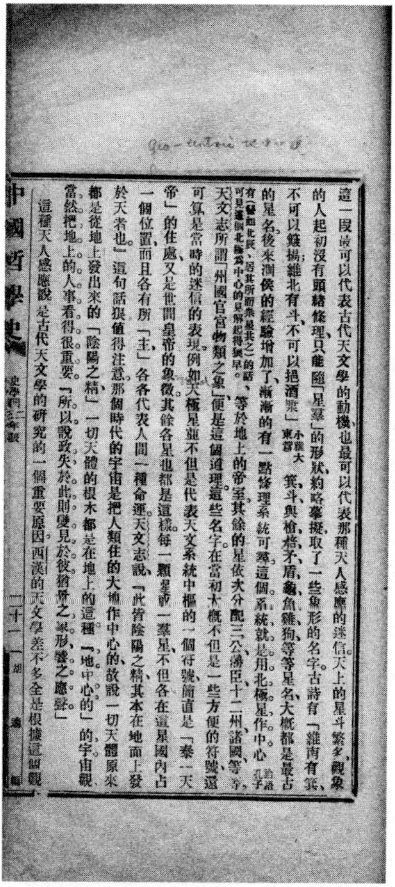
這一段最可以代表古代天文學的動機，也最可以代表那種天人感應的迷信。天上的星斗繁多，觀象的人起初沒有頭緒條理，只能隨「星羣」的形狀，約略摹擬，取了一些象形的名字。古詩有「維南有箕，不可以簸揚；維北有斗，不可以挹酒漿」（小雅大東）箕、斗、與槍、棓、矛、盾、鼈、魚、雞、狗等等星名，大概都是最古的星名。後來測候的經驗增加了，漸漸的有一點條理系統可尋。這個系統，就是用北極星作中心（論語孔子有「譬如北辰，居其所而衆星共之」的話，可見這個北極為中心的星系起得狠早。），等於地上的帝室，其餘的星依次分配三公、藩臣、十二州、諸國等等。天文志所謂「州國官宮物類之象」，便是這個道理。這些名字在當初大概不但是一些方便的符號，還可算是當時的迷信的表現。例如天極星，並不但是代表天文系統中樞的一個符號，簡直是「泰一天帝」的住處，又是世間皇帝的象徵。其餘各星也都是這樣。每一顆星或一羣星，不但各在這星國內占一個位置，而且各有所「主」，各各代表人間一種命運。天文志說「此皆陰陽之精，其本在地而上發於天者也。」這句話狠值得注意。那個時代的宇宙是把人類住的大地作中心的，故說一切天體原來都是從地上發出來的「陰陽之精」。一切天體的根本都是在地上的。這種「地中心的」的宇宙觀，當然把地上的人事看得很重要。「所以說政失於此，則變見於彼，猶景之象形，響之應聲。」

這種天人感應說是古代天文學的研究的一個重要原因。西漢的天文學差不多全是根據這個觀

中國哲學史 史學門二三年級 二十一 胡適編

胡适编著《中国哲学史大纲（卷中）》讲义本，第六章“迷信与科学”，版心处印有“史学门二三年级”字样，为史学门1920年专用讲义稿。

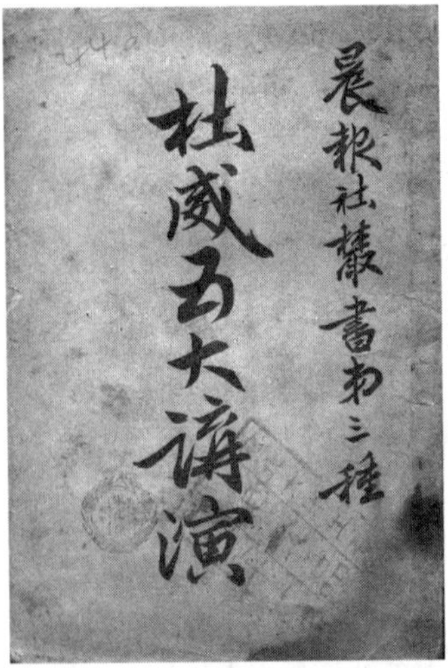

胡适译《杜威五大讲演》，1920年6月初版。

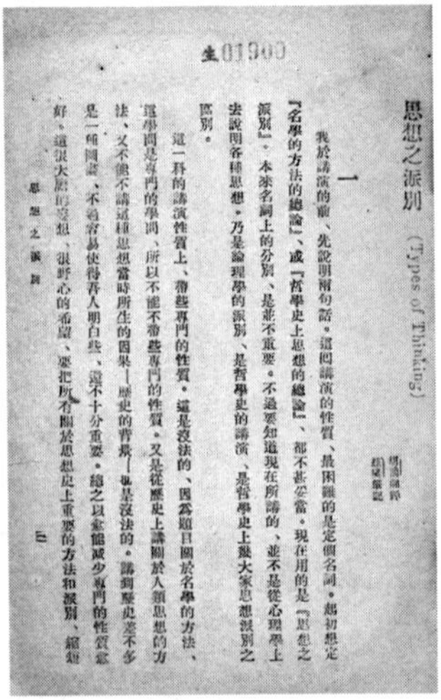

思想之派別 (Types of Thinking)

一

我於講演的前、先說明兩句話。這個講演的性質、最困難的是定個名詞。起初想定『名學的方法的總論』、或『哲學史上思想的總論』、都不甚妥當。現在用的是『思想之派別』。本來名詞上的分別、是並不重要。不過要知道現在所講的、並不是從心理學上去說明各種思想。乃是論理學的派別、是哲學史的講演、是哲學史上幾大家思想派別之區別。

這一科的講演性質上、帶些專門的性質。這是沒法的、因為題目關於名學的方法、這學問是專門的學問、所以不能不帶些專門的性質。又是從歷史上講關於人類思想的方法、又不能不講這種思想當時所生的因果——歷史的背景——也是沒法的。講到歷史差不多是一種圖畫、不過容易使得吾人明白些、還不十分重要。總之以能減少專門的性質為好。這很大膽的妄想、很野心的希望、要把所有關於思想史上重要的方法和派別、縮短

思想之派別

胡适译《杜威五大讲演》，正文页——思想之派别。

胡适的天文学课程

——以《中国哲学史大纲(卷中)》讲义本为中心

自严复译介《天演论》以来,“科学”一词开始深入人心。《天演论》的核心精神是竞争与进化——人与社会、历史与现代概莫能外。《天演论》之后,“科学精神”与走向极端的“科学主义”开始泛滥于中国。致力于运用西方科学理念进行专题研究的中国学者,或抱着“科学救国”的宏愿,或揣着“科学主义”的法宝,开始对中国古代文明及其文化传统施以解剖与研究。

涉及人文领域的经史、先秦诸子学说、明清戏曲、小说等等,无一例外地在“科学”方法与立场的双重审视下,新的认定与否定孕育着新的价值评判体系。所谓“新文化运动”,也就是这么一场对中国传统文化的重新评判的运动。这场运动是在“科学”的名义与方法指导下进行的,在当时当然具有其独特“合法性”与“合理性”。但所有这些都还只是科学精神关照下的某种阶段性社会思潮,现在叫“社会科学”的东西,当时也还只是在大学文科体系中的一些专业门类。纯粹的理科科学体系中，人文领域内的文科学者能够插上几句嘴的并不多，毕竟隔行如隔山，“新文化运动”再怎么如火如荼、势如破竹，也只是在泛文化领域内的求新求变而已。

1919年上半年，北京大学的讲堂之上，胡适的中国哲学史课程已经完成了一半。以先秦诸子哲学为主体的古代哲学史颇具新意，当年2月，其讲义已交付商务印书馆出版，5月就再版，可想而知其课程受欢迎的程度。当然，胡适并没有就此止步，而是开始接着讲中国哲学史的下半部分，即中国中古哲学史部分。

1919年下半年某日，胡适的中古哲学史已经讲完了第五章。按照原订计划，这一章“道士派的儒学”，主要是讲汉代儒学中如何掺杂了颇具迷信色彩的道教因素；紧接着下来的一章，应该是即刻以汉代王充的《论衡》学说对这种迷信的儒学予以批判与评论。但胡适突发奇想，在第五章讲完之后，他要讲中国古代的天文学了。这就是后来胡颂平在编年谱时，提到的“第六章，迷信与科学”中的主要内容之一。

胡适讲授的中古哲学史第六章“迷信与科学”，就是这样应运而生的。文科教授讲天文学，这不但是当时的北大，恐怕就是现在的各所大学院校中，也属破天荒头一遭罢。胡适在讲义本上注明：“这一章是原稿所没有的。匆匆加入，后当修正。”他当然知道文科教授讲天文学的学术风险，但他还是迎难而上，要做这吃螃蟹的第一人。

1920年3月29日，胡适开始撰写“迷信与科学”，约在4月底即告完成。1920年的5月间某日，29岁的胡适，登上北大讲堂，开始给史学门的学生讲授他的天文学课程。他以《诗经》为授课开篇，例举出了一首“十月之交”的诗篇，他认为这就是最可靠的古代天文学史料的证据，而且是中国距今最早的一个“铁证”。他提示听讲同学们注意，在《中国哲学史大纲(卷上)》第一篇“导言”之中，他就提到过这个“铁证”。

原来，胡适认为，这首诗篇的主要内容是记录中国古代日食的。诗曰：

> 十月之交，朔日辛卯。日有食之，亦孔之丑。

后来经隋代的张胄元，唐代的傅仁均、僧一行，元代的郭守敬，清代的阎若璩、阮元等测定，确证这次日食发生在周幽王六年十月。胡适还提到：

> 近来的西洋学者，也说《诗经》所记的时间(即公元前七七六年八月二十九日)，在中国北部的确曾经有过日食现象。

胡适开篇举出的这个“铁证”，想说明什么呢？

在接下来的授课中，胡适开始阐明一个理念，即中国古代天文学已经有了系统科学的基础。虽然其中有起源于星相占卜的迷信成分,但毋庸置疑的是,中国古代天文学已经形成"科学"体系,在这一领域原本是与西方科学并驾齐驱的,原本也是极富"科学精神"的。

胡适将中国古代天文学的科学体系娓娓道来,他举出三个论点,来证实他的这一番评判。他说:

> 一来呢,因为有记载的需要,故有许多人专做测候天象的事,这便是天文学的起点。二来呢,测候的结果,发现了许多天文学上的事实,增长了许多天文学的知识,如五行星(金、木、水、火、土,为五星)的发见是狠早的。又如日行周天的时间,初定为三百六十六日,后改为三百六十五日,大概也都是狠早的。三来呢,这种记载狠可供后代学者的参考,如《春秋》记的日食的次数,后来在天文学史上要算一种要紧的参考材料。

那么,在中国古代天文学的萌芽阶段,是什么样的国家意志驱动下,形成了以"科学精神"为指导的天文学理念呢?这当然是胡适的重点关注所在,亦是他的中古哲学史重要专题研究之一。他接着分析说:

> 汉以来的儒教特别注重天人的感应(屈民而伸君,屈君而伸天)乃是带政治色彩的新变化。故我想称为"新儒教"以别于原始的儒教。这个观念和天文学的进步狠有密切的关系。

在胡适看来,正是汉代出现的"新儒教"思潮,促成了汉代天文学的进步。这一思潮不但完全推翻了秦帝国统一以来的"国家法治"思想,也明显区别于"道法自然、无为而治"的庄老一派;还不同于一贯秉守"子不语怪力乱神"的原始儒家思想。由董仲舒提议并最终确立的"罢黜百家、独尊儒术"思想,事实上成为汉武帝时代以来的一种国家意志。儒学成为统一帝国之下的,具有垄断性质的学说体系,这一体系的宗教化色彩与日俱增;在这种情势下,原始儒家思想中的孔孟学说,也不能完全适应这种剧烈的变化趋势。为此,以董仲舒为首的汉儒们迫切需要融合、统摄其他门类的各式学说,为其"新儒教"的垄断地位夯实基础。为迎合好长生之术、信天命鬼神的汉武帝,"天人感应"学说的应用理论体系——天文学——观测天象、研究星宿的专门学术,在这一时期得以空前发展,达到了中国古代科学的巅峰水准。

在《诗经》记载日食的"铁证"之后,胡适翻开《汉书·天文志》,找到了一段至为关键的话。他认为,这一段最可以代表古代天文学的动机,也最可以代表那种天人感应的迷信。

原文如下：

> 凡天文在图籍昭昭可知者，经星常宿中外官凡百一十八名，积数七百八十三星，皆有州、国、官、宫、物类之象。其伏见蚤晚，邪正存亡，虚实阔狭，及五星所行，合散犯守，陵历斗食，彗孛飞流，日月薄食，迅雷风祆，怪云变气，此皆阴阳之精，其本在地，而上发于天者也。政失于此，则变见于彼，犹景之象形，响之应声。是以明君睹之而寤，饬身正事，思其咎谢，则祸除而福至，自然之符也。

胡适指出：

> 天上的星斗繁多，观象的人起初没有头绪条理，只能随"星群"的形状，约略摹拟，取了一些象形的名字。后来测候的经验增加了，渐渐的有一点条理系统可寻。这个系统就是用北极星作中心，《论语》孔子有"譬如北辰，居其所而从星共之"的话，可见这个北极为中心的见解起得狠早。

他认为，这一原本属于经验知识范畴的，自然发展起来的观星体系，到汉代时，开始出现了有意识的星宿划分与天文解释。从无意识生发的观星体系，到有意识的天文解释，只此从“无意识”到“有意识”一点——在胡适看来，就正是中国古代天文学向“科学”迈进的第一步。

胡适解释说：

> 在汉代的天空中，北极星就等于地上的帝室。其余的星依次分配三公、藩臣、十二州、诸国等等。《天文志》所谓“州、国、官、宫、物类之象”，便是这个道理。这些名字，在当初大概不但是一些方便的符号，还可算是当时的迷信的表现。例如北极星并不但是代表天文系统中枢的一个符号，简直是“泰一天帝”的住处，又是世间皇帝的象征。其余各星也都是这样，每一颗星或一群星，不但各在这星国内占一个位置，而且各有所“主”，各代表人间一种命运。

国家意志与皇帝命运的寄托，一旦上了天，与宇宙、星宿产生了某种符号对应体系，中国古代天文学的哲学基础也就初步成形了。胡适是在讲中国哲学史，而不是单纯地去讲中国天文学科技史。胡适不是天文学家，但他说出了天文学家所不曾理会也不能理会的“微言大义”。

所以，当胡适从《汉书·天文志》中拈出一段话来，并产生上述种种解释之后，我们可以看到，胡适的天文学讲座之所以特别,就在于他不是在概述已有的科学结论,或者简单地在看似规范的学科术语之中去串联天文学历史;而是将某一历史阶段的国家意志、政治思想与应用科学的具体学说结合起来,从中判定真伪、梳理脉络,进而大胆拟合特定历史境遇之中的核心思想,并进一步提出假设,假设出各个需要加以专题论证的观点。当然,在判定、梳理、拟合、假设、论证的各个环节之中,“科学”是胡适理所当然的关键词;只要有机会,他总会在任何一个环节之中插入这个“关键词”的链接。

胡适的科学精神,在这一堂天文学讲座中,还在继续延伸与拓展其论证领域。除了对《诗经》与《汉书》的鲜活解释之外,他接下来,还以丰富翔实的史料集中论证了汉代的五大行星认识论、汉代历书制定进程及三种天体论的优劣。胡适在篇末提示说:“以上述汉代天文学从迷信变成科学的小史。”在谈到“浑天说”的汉代天体论时,他评价说:

> 总括说来,汉代的天体论最后还是浑天家战胜运天的假设。在当时,自然要算是一个最满意,又最适用的大假设。有了这个大假设,当时的一切的天文知识都能贯串起来,成一个系统的科学,因此后来的天文学遂都不能跳出浑天的范围。

最后,他对汉代天文学做总结陈辞:

汉代的天文学不但在推算测候，一方面替后世打下了一个狠伟大的基础，并且在理论一方面建立浑天论，遂使中国两千年的天文学理不能跳出这个范围。这个观念直到近世西洋天文学输入中国以后，方才推翻。

由于在上述这些专题论证中，引述了大量古籍原文与专业术语，他不厌其烦地将其逐一进行名词解释及通俗讲解。当年北大史学门的学生是幸福的，在这堂专为他们设置、临时插入的课程中，胡适不啻送给了他们一部《中国古代通俗天文学》。遗憾的是，课程结束之后，胡适并没有为此把讲义稍作修改，拿到商务印书馆或亚东书局，去出版一本通俗畅销的小册子；而是作为讲义本中的一篇未定稿，永久束之高阁了。若不是93年之后，这一册珍贵的讲义本辗转于日本寻得，我们几乎不可能相信胡适竟然曾经讲过天文学，而且是将天文学作为中国哲学史的一部分来讲解的。

事实上，除了清末民初，由基督教教会组织译介，陆续传入中国的一些西方天文学著述之外，胡适在1920年讲授的这堂中国古代天文学课程，可谓国人论述天文学的揭幕之作。至1930年代，扎堆出版的各式天文学著述、教材、译本之中，中国古代天文学史料的搜集与研究领域，无非仍在胡适这堂课的范域之内。譬如天文学家陈遵妫的《天文学纲要》

(1933)、《天文学概论》(1939);天文学家张钰哲的《天文学论丛》(1934);天文学家朱文鑫的《天文学小史》(1935);文学家金克木译介的《通俗天文学》(1938),以及中华学艺社译介的日本京都帝国大学总长新城新藏所著的《东洋天文学史研究》等等,均不同程度地与胡适的观点相契合,有的甚至于还没有达到其对天文学史料的搜集广度与研究深度。

上述这些1930年代的天文学专业读物,恐怕除专业人士之外,很少有读者能涉足于此。历史学系的学生能看天文学读物,物理学系的学生能看历史学读物,这在今日的教育体系之下,恐怕仍然是一个神话罢。毋庸置疑,学科化之后的科学发展,是专业化与精致化的学术进展;但一旦局限于学科化,一味固守于专业化,而放弃人文领域的多方拓展与互动研究,这实际上是置科学产生的人文基础于不顾,这实质上是科学精神的倒退与反动。在胡适眼中,这是连占卜观星的汉代先民都不如的。

胡适认为,古人把天上的星宿与人间的命运相联系,原本是古人科学不发达、民智未开启时的一种迷信。但正是在这样的迷信氛围中,以实测实证来赢得学术竞赛的各路学者,却逐渐让这样一种迷信,产生了求真务实的"科学精神",并进而形成了中国古代思想史上难得的一种科学体系。其实,领会胡适的讲义,感受胡适的思想,其核心精神就正是这样一种逐个击破史料难点,打通打透文理学科体系的融会贯通。听胡适讲天文学,是打通了文理科界限的“大天文学”,是天上人间、等量齐观的学术探险。

细细品味,胡适的这堂课,着实挠到了中国学术古往今来的痛处与痒处;面对胡适,面对名为“迷信与科学”的这堂百年老课;于教育、于学术、于科研、于文史,我们可以探究、可以反省、可以反思、可以自问的,又岂止是“天文”二字?

胡适 1917 年存照，在美国哥伦比亚大学师从杜威期间。

中國哲學史

人飛行上下。臨淄無方、今笑即爲婦人、蹙面即爲老翁、踞地即爲小兒、執杖即成竹木、種物即生瓜果可食。阮孝緒七錄也有夢子枕中五行要記一卷、五行變化墨子書五卷、與抱朴子同。

漢代是儒教與道教成立的時代、各方面的學說都逃不了那些道士皇帝（如漢武帝）的影響。西漢東漢的儒教即是道教。儒生即是道士。道書多是儒書。（漢書儒林傳裏的人沒有一個不是道士。我已在上章說過了。王充論衡道虛篇所舉黃帝騎龍升天、淮南王與家升天、及盧敖文摯等皆稱儒書言）、亦是一證、這個時代最有勢力的學說就是儒教、墨教、道教公認的天人感應說。董仲舒說的「人之所爲、其美惡之極、乃與天地流通而往來相應。」便是這種「新儒教」的根本觀念。（儒家的孝的觀念和尊帝的觀念遵從罷、都可證是宗教的部分、漢以後的儒教、仍然保存孝的宗教、看後世發見的漢代石室畫像（如武梁石室之類）多有參閔子騫等孝子故事、可以爲證、但漢以來的儒教特別注重天人的感應（屈民而伸君、屈君而伸天）、乃是帝政治色彩的新變化、故我想稱爲新儒教以別於原始的儒教）這個觀念和天文學的進步很有密切的關係。試看漢書天文志說、

凡天文在圖籍、昭昭可知者、經星常宿中外官凡百一十八名、積數七百八十三星、皆有州國官宮物類之象、其伏見蚤晚、邪正存亡、虛實闊陿、（孟康曰、伏見蚤晚謂五星也。日月五星下道爲邪。存謂列宿不虧、亡謂恒星不見。虛實若天牢星實則囚多、虛則開出。闊陿若三台星相去遠近也、）及五星所行、合散犯守、陵歷鬬食、（孟康曰、合同舍也。王先謙曰本志散者不相從也。韋昭曰自下往觸之曰犯、居其宿曰守、經之爲歷、突掩爲陵、星相擊爲鬬。孟康曰食、星月相陵不見者則所蝕也）彗孛飛流、日月薄食、迅雷風祆、怪雲變氣、此皆陰陽之精、其本在地、而上發於天者也。政失於此、則變見於彼、猶景之象形、響之應聲。是以明君覩之而寤、飭身正事、思其咎謝、則禍除而福至、自然之符也、

《中国哲学史大纲(卷中)》,第六章古代天文学论述部分内容。

胡适的糖尿病公案

《古春风楼琐记》：未能定案的“公案”

胡适的糖尿病，作为其对待中医的态度的一个典型案例，已经成为一桩民国思想史上的文化公案。事情原本很简单，胡适早年所患的一种疾病，经中医名医陆仲安治愈，有胡适给陆氏画像的题跋及其弟子、友人的忆述作证，似乎已是确证无疑的事件了。

据高拜石（1901—1969）所撰《古春风楼琐记》，在“胡适推荐的中医——陆仲安‘秋室研经图’”一文中，提到胡适在1921年时为一幅描绘陆仲安研读医书的画像题跋，明确表达了他对传统中医疗效的信赖。在这幅原本是大翻译家林纾，为感谢陆仲安治愈家人病症而赠送的“秋室研经图”之上，这位新文化运动旗手人物，以一贯严谨的“实证精神”，写下了他对中医疗效的真实感受，他写道：

林琴南先生的文学见解，我是不能完全赞同的。

但我对于陆仲安先生的佩服与感谢，却完全与林先生一样。我自去年秋间得病，我的朋友学西医的，或说是心脏病，或说是肾脏炎，他们用的药，虽也有点功效，总不能完全治好。后来幸得马幼渔先生介绍我给陆仲安先生诊看。陆先生有时也曾用过黄芪十两，党参六两，许多人看了，摇头吐舌，但我的病现在竟好了。去年幼渔的令弟隅卿患水鼓，肿至肚腹以上，西医已束手无法，后来头面都肿，两眼几不能睁开，他家里才去请陆先生去看。陆先生用参芪为主，逐渐增到参芪各十两，别的各味分量也不轻，不多日，肿渐消灭，便溺里的蛋白质也没有了。不上百天，隅卿的病也好了，人也胖了。隅卿和我的病，颇引起西医的注意，现在已有人想把黄芪化验出来，看他的成分究竟是些什么？何以有这样大的功效？如果化验的结果，能使世界的医学者渐渐了解中国医药的真价值，这岂不是陆先生的大贡献吗？

我看了林先生这幅《秋室研经图》，心里想像将来的无数《试验室研经图》，绘着许多医学者在化学试验室里，穿着漆布的围裙，拿着玻璃的管子，在那里作化学的分析，锅子里煮的中国药，桌子上翻开着：《本草》、《千金方》、《外台秘要》一类的古医学，我盼望陆先生和我都能看见这一日。

从这段不算短的题跋中,可以明确得知,胡适确因陆氏的诊疗治愈。但胡适究竟得的是什么病,题跋中没有明确答案。"或说是心脏病,或说是肾脏炎",当时西医给出的诊断亦是不明确的;而擅用芪参治疗疑难杂症的陆仲安,其实也没有给出明确的病理说明。虽然胡适的感激之情,在上面这个长篇题跋中表露无遗,但始终也没有说清楚自己究竟得的是什么病。不过题跋中提到与胡适患有同样症状的马幼渔之弟马隅卿,15年后倒确实是死于心脏病诱发的脑溢血。41年后,胡适也因心脏病猝发而死;如果不是巧合的话,胡适在陆仲安那里诊疗的"怪病",可能有心脏病的因素掺杂其中。

紧接着此文,高拜石再撰"胡适与糖尿病——陆仲安与胡适之病"一文。虽然文章题目上明确提到了"糖尿病",但奇怪的是,文中所提到的"掌故"种种,全部是在说明,胡适得的病可能并不是糖尿病。至于究竟是什么病,文章没有给出答案。但文章末段有一个结论,非常客观地总结出了胡适对中医的态度。文曰:

胡适之否认有糖尿病和所题"秋室研经图"的话无关。其实他所辩是病,对中国医、药的真价值没有意见,他还是想像有一天"试验室研经图"出现呢!惜乎他不及见了。

看来，这篇文章是作于胡适逝世之后；而从《古春风楼琐记》是高氏在台湾《新生报·副刊》专栏连载文章结集而成的情况来看，在这篇文章之前的“胡适推荐的中医——陆仲安‘秋室研经图’”一文，也应是在胡适逝世前后期间所撰。这两篇文章，胡适生前应当都没有看到过。否则，可以由胡适本人来予以证实其所言“掌故”的细节种种。

迄今为止，胡适各类文集中，均未收录有胡适“秋室研经图”的题跋全文，胡适日记及书信中也均未提到过此事。更为重要的是，高拜石所提到的“秋室研经图”及胡适题跋这一重要物证，至今未能现身，也未有任何目击人证，实际上只是一个“孤证”。但由于高氏文章的传播与影响，这段题跋甚至被胡适晚年秘书胡颂平辑入了《胡适之先生年谱长编》，这段题跋中语焉不详的胡适病症，也因之似乎成了“公案”，仍为后世研究者们所津津乐道。

众说纷纭成“疑案”

无论如何，一桩1920年代中、西医结合治病的大好事，如果是普通患者，这原本应是喜形于色的口碑美谈。却因为患者胡适的新文化运动旗手身份，更因为胡适在中医就诊之前、就诊之后以及后来的忆述中看似态度的突变，进而引发了后世从学术史角度、文化史角度来探讨这一桩原本普通的医疗事件。各种意见与评判莫衷一是，各种第一手或第二手的文献资料也层出不穷被引证了出来；说胡适相信中医的是一边，说胡适压根就不相信中医的又是一边，甚至于还出现了说胡适是中西医都不信的“实用主义”者等等，可谓林林总总，蔚为大观。

白吉庵所著《胡适传》，以及华蓓苓所撰的《大剂芪参治消渴——记陆仲安太老师治愈胡适糖尿病案例》一文中，均详述了这桩“公案”始末，大致有了可以摸索的轮廓。文中写道：

> 1920 年夏天，胡适经常患病，一用脑脚底就痛，说是脚气病，但据西医诊断为心脏病。到 1920 年秋，胡适请北京协和医院诊治，西医认为病已不可治，仅尽人事而已，另嘱家人准备后事。胡适回家后忧虑万分，以为“劫数难逃”。周围朋友纷纷劝他不妨延请中医一治。胡说：“中医治病无科学根据，不足凭也，何况西医也已束手。”然几经劝说，胡抱姑妄一试的态度，由马幼渔介绍就诊于北京名医陆仲安。

胡适的弟子、历史学家罗尔纲，后来也详细忆述了这次重要的就诊经过。他在《师门五年记 · 胡适琐记》一书中写道：

> 关于陆仲安医治胡适的经过，当时著名的西医俞凤宾曾有简明扼要的记载，郭若定编著《汉药新觉》上集第五篇记黄芪后，附录其全文如下："附录　俞凤宾博士《记黄耆治愈糖尿病方药》一文中云：胡适之先生，患肾脏病，尿中含蛋白质，腿部肿痛，在京中延西医诊治无效，某西医告以同样之症，曾服中药而愈，乃延中医陆君处方，数月痊愈。处方如下：生绵芪四两，潞党参三两，炒于术六钱，杭白芍三钱，山萸肉六钱，川牛膝三钱，法半夏三钱，酒炒芩三钱，云伏苓三钱，福泽泻三钱，宣木瓜三钱，生姜二片，炙甘草二钱。此系民国九年十一月十八日初诊，治至十年二月二十一日止之药方。"(《中药季刊》五卷三号九二页)

这个药方，作为一副为胡适治愈顽疾的"验方"，当然名噪一时，也被当时正在为西医所排挤和打压的中医界人士奉为法宝。另一方面，这个药方的出现，也将胡适的这种"或说是心脏病，或说是肾脏炎"的顽疾，正式定格为"糖尿病"。胡颂平的《胡适之先生年谱长编》中也提到了这个著名药方：

> 陆仲安的药方为："生芪四两，云苓三钱，泽泻三

钱，木瓜三钱，西党三两，酒芩三钱，法夏三钱，杭芍四钱，炒于术六钱，山萸六钱，参七三钱，甘草二钱，生姜二片。”……西医俞鸿宝（即俞凤宾）抄出全部药方，刊登在丁福保主编的《中西医药杂志》上。

上述这些历史记载，无论是转述还是忆述，都在指向一个明确的事实——胡适相信中医。其实，更为直截了当指出胡适相信中医的实例，是一首汤尔和（1878—1940）写给胡适的诗。作者汤尔和除了活跃于政界之外，本身还是一位笃信西医的医学家与解剖学家。1926 年 1 月，他在长江舟中写诗赠给胡适，诗句颇能道出一些胡适轶事与他的观点。这首长诗前四句写道：

大声喝破千年梦，绝代佳人胡适之。
只有两端吾反对，新诗无韵信中医。

在他看来，胡适当然是破除旧文化的新文化领袖，但让他极不理解的是，除了胡适倡导的白话诗可以不按传统韵律来写之外，竟然还相信中医。汤的这首诗，离传言胡适以中医治愈顽疾仅有 5 年时间，且汤本身也为医学家，这首诗当然也有一定的可信度。

胡适晚年的"翻案"

不过,到了胡适晚年,这桩医案的认定,却因胡适的坚决否认来了个三百六十度的大逆转。同样是在罗尔纲的《师门五年记·胡适琐记》中,提到胡适晚年在两封信件中,明确否认了陆仲安曾给他治愈糖尿病。第一封信的起因是,中医陈存仁(1908—1990)在1935年编纂的《中国药学大辞典》中,收入了陆仲安的那个药方(后来又写入《津津有味谭》),被一位患有糖尿病的青年学生余序洋看到后,写信给胡适询问治糖尿病的药方。为此,胡适在1958(罗尔纲文误作1954年)年4月12日"复余序洋"信中写道:

> 你看见一本医书上说,我曾患糖尿病,经陆仲安治好。……我也曾见此说,也曾收到朋友的信,问我同样的问题。其实我一生从没有得过糖尿病,当然没有陆仲安治愈我的糖尿病的事。陆仲安是一位颇读古医方的中医,我同他颇相熟。曾见他治愈朋友的急性肾脏炎,药方中用黄芪四两,党参三两,白术八钱。(慢性肾脏炎是无法治的,急性肾脏炎,则西医也能治疗。)但我从没有听见陆君说他有治糖尿病的方子。造此谣言的中医,从不问我一声,也不问陆仲安,竟笔之于书,此事使我甚愤怒!(详见《胡适之先生纪念

集》，台湾学生出版社 1962 年 3 月初版）

1960 年 1 月 12 日，胡适在“复刘峙”信中又说（这封信罗尔纲未提到，辑自《胡适书信集》，北京大学出版社 1996 年版）：

> 我从来没有患过糖尿病，报纸所传，全是瞎话。竟劳先生函询，使我不安。关于我患糖尿病的传说，最早见于某种《中国医学词典》。我也屡次更正，但传说至今未绝，我也懒去更正了。随时更正无稽的传说，颇似“与影竞走”，永不能断除的。

1961 年在“复沈某”的信中，胡适再次郑重申明：

> 在三十多年前，我曾有小病，有一位学西医的朋友，疑是慢性肾脏炎，后来始知此友的诊断不确。如果我患的真是此病，我不会有三四十年的活动能力了。我并未患过此病。贵友说我有秘方可以治此症，此说全无根据。

又说：

> 有人传说我曾患慢性肾脏炎，为中药治好，——

其实都不足信。大概慢性肾脏炎至今似尚未有特效药。

综上所述,无论胡适当年是否真的得过糖尿病,至少可以肯定的是,胡适患有某种疾病,曾向中医求助诊治,并且得到治愈,本是无可争论的事实。然而,胡适晚年始终否认其患糖尿病的事实,而这种否认之肯定、之明确,又是在其逝世前十年内屡屡提到的,这就不得不让人思索良久与揣摩再三了。胡适早年曾以中医诊治疾病,却又在晚年矢口否认曾患糖尿病,更因之否认中医治愈其糖尿病——这一事件的文化背景与学术立场开始复杂化了,在后世研究者中上升为某种立场性质的争讼。

有的研究者据此认为,这是胡适根本不相信中医的表现,他在半信半疑之间选择中医本属无奈之举;另一种观点认为,为了表明其一贯尊崇西方科学精神的立场,胡适晚年的矢口否认属言不由衷之举。所有这些揣测,站在研究者各自的立场上,均给出了看似合理的细节推敲与定性分析;但据此断定胡适完全不相信中医,或实际上非常信服中医,似乎都还缺乏足够的理据与说服力。胡适究竟所患何病?糖尿病、心脏病、脚气病、急性肾炎、慢性肾炎,这些原本相关或不相关的病症,似乎都在后世研究者那里找得到某种“理据”,但在这些“理据”之中,有多少是传言再传,有多少是报刊转载，又有多少是所谓的“口述史”？即使是胡适在世时已莫衷一是，后世对此的梳理与考证，恐怕更是难上加难。如果再带有某种主观立场，这些“理据”，则很容易成为立场本身的凭据罢了。不妨再来看看胡适本人对此怎么说，这一次，我们来看他的早期说法，也即在他患病期间或诊疗之后不久的记载，如日记、书信等等。

胡适日记、书信中的诊疗真相

1920 年 8 月 31 日上午 8：00，北京大学正在为两位外国学者佩利和琼比举行隆重的授学位典礼，胡适以招待员身份作陪，出席了典礼。站在会场中，他突然感到“脚上风气很利害”，一时竟难以支撑。他当天在日记中写道：“站了三点多钟，竟不能走路了。”

此时的胡适才 29 岁，从当天的症状来看，和国人常说的“中风”症状很相似。只不过因为年轻，加之意志力作用，才勉强支撑到典礼结束。第二天，9 月 1 日上午 11：00，崇内大街华安大药房经理、美国哈佛医学院医学博士谢恩增(1884—1965)匆匆赶往胡适府上诊治，他认为这次胡适“中风”的症状是由于积劳成疾，心脏已经出现了病变，须静卧休养几天再观察。到 9 月 5 日，基本遵医嘱静养的胡适，发现腿上的“风气”消散了——换句话说，就是能走动，不再处于半瘫痪状态了。胡适又照常开始了各项紧张忙碌的学术活动与社会活动。

但到了9月9日，胡适又病倒了，这一天上午11:00，他又找来谢恩增诊治，似乎这一次也未能开出什么“特效药”来，谢只是说，胡适这几天不应频繁外出，劳心伤力。胡适在当天的日记中写道，我又要在家关两天了。9月11日，关注着胡适病情的朱我农写了一封信，信上转述了谢恩增的确诊结论：

> 你患的是心脏病——僧帽瓣闭锁不全（日本名），三扁门漏隙（中国译名）——我晓得这个病是不能治的。虽不是急性病，二三十年内或无意外事；但必须静养，切不可劳力过度，烟酒和其他刺激物，绝不相宜。我望你以后务必早眠和多睡，不要太用功……

9月12日，朱我农夫妇均来探望胡适，并确定其所患为“僧帽瓣闭锁不全 mitral incompetent”。9月13日，胡适再求诊于谢恩增，他在日记中写道：

> 他说我服的 Digitalis［洋地黄制剂］已有功效，再服四日药，可以不服药了，以后须专事静养。

当天下午六点，蒋梦麟也来探望，称他和蔡元培都为胡适病情着急,劝胡适要休息半年。

当然,胡适不可能因之休息半年,他此时此刻的学术活动与社会活动紧锣密鼓,莫说半年,就是半天也闲不下来。作为新文化运动的鼓吹者与先行者,他在极其动荡的时局中宣扬民主、人权和自由,所有的相关社会活动无不承受着政治风险与社会舆论的双重压力。所以,胡适曾感叹:“三年!究竟做了些什么事体?空惹得一身病。”(1921 年 7 月 8 日日记)医生和朋友都认为他是身心疲惫,积劳成疾,劝他休息、静养。陶行知(1891—1946)替他“开一个百年健康的药方”,三味药是:“(一)辞去大学教授,(二)停办《努力》刊物,(三)带着图书家眷搬到庐山去住。”他自己却说:“我的病虽没有好,但此时我不容退缩了。”似乎,胡适得的病只要通过适当的静养来缓解身心压力,即可痊愈,并不是什么特别重大的“恶疾”。然而,事实果真如此吗?

谢恩增确诊结论的“僧帽瓣闭锁不全”,在现代医学中又称“二尖瓣关闭不全”,是常见的风湿性心脏病的病理特征之一。瓣膜关闭不全是不能用药物治愈的,更不可能在如此短时间内“痊愈”——如胡适静养几天后,即在日记中写下“全好了”。所用 digitalis(洋地黄制剂)也并非对症,此药的适应症应为心力衰竭,是一类用于治疗充血性心力衰竭和多种心律失常的常用药物。与其说胡适用此药暂时治愈,不如说是几天的静养与心理暗示,体力恢复如常而已。

1920年12月24日，胡适给日本汉学家青木正儿的信中说：

> 我的确是心脏的僧帽瓣有点关闭不严。幸亏发现的早，故此病尚易治。现在我已近痊愈了。

信中他说“已近痊愈”，而非“已经痊愈”，说明他本人对此病的长期性、周期性发作还是有心理准备的，但时事的紧迫与事业的期许让他无暇多顾，胡适更愿意将这种病症看做是一种可以而且能够速治的“小病”。加之当时的医疗条件有限，在西医西药也给不出更确实的疗效时，胡适这时才想到了求助于中医。

如胡适在1921年10月25日记中写道：

> 昨夜不能睡，今早左脚踝略肿，触之甚痛，大似去年起病时的样子。我很担心，故下午去寻谢恩增大夫诊视；他详详细细地给我诊察一次；小便无蛋白质，体重未减，止有心脏略现变态。他劝我节劳静养，并给我开了一个健心的药方。我这五十天太劳了，应该早睡为第一要事。

1922年11月15日的日记中，胡适又写道：“病来了！……脚肿大像我前年起病时状况，故颇有点怕。"17日的日记中提到，"……出城访陆仲安，请他给我开一个方子"。但仅过了一天，18日时"病就渐好，去上课办公了"。到22日时，胡适还坚持在服中药，但身体已无大碍，他在日记中写道："上课。出城诊病，换一方，检药后，回家吃饭，已两点钟了。"

其实，胡适在名医陆仲安处获得暂时治愈之后，以"脚气病"为特征的顽疾并未彻底根治。事实上，在陆仲安处获得药方后次日，胡适的"病已渐好"，是否与陆氏用药有关也未可知；是否在得到药方当日服下一剂药之后，病情迅即好转，或是病症在一定"病程"之内自行好转等等，均不可确知。只是在随后七八年的时间里，胡适确实都在中医与西医之间往返求治，但始终未能根治；从其日记中可以看到，胡适虽深受病情困扰，但从未因病情而放弃自己繁忙的学术、社会活动，并未能做到真正的静养休息，舒缓压力。大多数时候，是有病则医，无论西医、中医，暂时治愈之后即又投入工作中去了。值得注意的是，这一次诊治发生在胡适题《秋室研经图》的次年，二者无法互为佐证。

1922年12月10日，胡适倾力操办的《努力》周报刊登了一则特别启事，称：

本报记者胡适之先生因旧病复发，医生不令工作;编辑事务暂托高一涵先生主持。

12月24日,《努力》周报的头版头条是胡适亲拟的启事,称:

> 我因为年来不知节劳,超居无度,以致久病;现已向北京大学告假一年,使我可以休息养病。此事已蒙蔡校长允许,自十二月十七日起,离校休假。

看来,这一次胡适病得不轻,真的需要长时间暂停工作,静养身心了罢。但所谓"旧病复发",仍然没有明确的说明病症名称,仍是心脏病或脚气病的发病症状重现吗?

1923:胡适首次声明未患糖尿病

1922年12月29日,胡适因发现糖尿病住进北平协和医院检查,这是胡适首次出现"糖尿病"症状,也是其唯一一次正式检测糖尿病的记录;后来各种关于胡适患糖尿病传言的来源,皆导源于此。但1923年1月5日他在《努力》周报上发文说:

> 受了三十次的便尿分验,三次的血的分验,七日的严格的食料限制。

最终确诊他的糖尿是“生理”偶发性的，而不是糖尿病。1月6日出院时，胡适在《努力》周报第36期上又发表一则“胡适启事”，声明：“此次诊察的结果，已断定不是糖尿病。”

特别值得一提的是，1923年4月1日，胡适在致黄伯樵(1890—1948)的信件中，又特别提到了这一次糖尿病检测细节(详参《胡适遗稿及秘藏书信》第20册)。这是胡适针对其已患糖尿病的传言，首次予以公开回应，早于其晚年那三封信件30余年，很能说明问题。信文不长，全文照录如下：

伯樵先生：

今天早上有失迎候，甚歉。承问治糖尿病医生何名，竟不知如何答复。因我去年十二月底曾发现尿中有糖，经两次复验皆然，故曾进协和医院，请Dr. Smyly诊治。他初次验，亦有糖，因叫我住院一星期。每日验看小便四次，隔日取血察验，并增减食物，以观食物有无影响。入院之第二日，即无糖质了。以后竟全无有。医生说，那前一个星期发现的糖质，大概不是什么根本病，或是一种偶然的生理现象。七日之后，我就出院了，所以我对于此病，竟不知何人能治。我并未服药，只有严格的诊治。先生如欲进协和，似可请Dr. Smyly一诊，每日上午九时至十二时，可挂特别号，须洋五元。医院二等病室，每日四元。此君能说中国话。

胡适　敬上

十二·四·一

这封信距胡适入院体检时间不久，信中透露的细节，记忆与陈述也相当清楚，因而具有相当的可信程度。除了"辟谣"之外，胡适一再强调对于糖尿病而言，"竟不知何人能治。我并未服药，只有严格的诊治"。从胡适的日记、《努力》周报上的胡适声明、胡适致黄伯樵的信件中，都明确无误地表达着一个事实，即胡适没有患糖尿病，更不可能因之请中医诊治，何来中医治好糖尿病之说？这样看来，罗尔纲《师门五年记·胡适琐记》中所得出的结论——认为胡适晚年不承认中医陆仲安医好他的"肾脏炎"，是"怕对科学的发展有害，所以才不得不这样说的"，这样的结论实在是有点想当然的，未必可信。因为即便胡适曾在中医陆氏处诊治过，即便把当天开药方，次日即"病就渐好"的"神奇疗效"归结于中医；但须知这个中医药方针对的也只是胡适的"脚气病"症状——脚部肿痛的症状得以缓解，并不意味着这种症状可能反映的或肾脏病、或心脏病随之治愈；与子虚乌有的"糖尿病"本身更无任何关系。

脚气病、心脏病的"迷案"

事实上,脚气病依旧在折磨着胡适,且一直没有更好的诊疗手段。在致黄伯樵的信写后不久,胡适即离京到南方休养。1923年4月21日至5月3日,胡适在致张君劢信中又谈到了犯病时的苦楚。他在信中写道:"南下二十天,无一日不病;在西湖四日,有两日竟不能走路。"4月23日时,"夜到上海,即觉得脚肿痛,须穿皮鞋,始能走动"。29日夜到杭州时,"有两日脚很肿"。5月3日"脚痛稍好"、"脚肿稍退",回上海。当年六七月间在致汪孟邹的信中,胡适又说:"现脚上肿痛渐除,右脚凹处尚微痛。"1923年10月21日,胡适郑重其事地又在《努力》周报第七十五期头版头条刊登启事,称:

> 我自从四月廿一日出京以来,已过了五个多月了……顷来上海,再受医生的诊察,医生仍不许我多做工……现在我没有法子,只好决定《努力》出至第七十五期为止,暂行停刊。

事实上,胡适的病症已经严重影响了他主编周报的工作,《努力》周报确实也因之停办了。

到了1924年9月26日,胡适在致章吕希的信中说,"脚疾已愈",似乎这个常年折磨他的"小病"终于治愈。但在

1928年3月10日、12日、19日和29日先后致妻子江冬秀的4封信中，胡适又说：

> 脚背风气发作，红肿很痛，请黄钟医生打针，不叫它出头。中间曾经好过，可是由于劳累又大肿起来。

最后一封信说："黄钟给他打了四针，脚病好了，完全没有事了。"同年3月23日日记与这些信的内容相同：

> ……此次脚背肿起，当是血中有毒，几乎成为肿毒。黄钟先生用德国新出之Omnadin注射了四次，居然消去。

上述胡适日记及书信表明，从1920年秋至1928年，他的左脚踝红肿和脚腿肿痛，几乎每年发作，陆仲安的中医疗法也未能根治其症。尽管在此期间，他也请陆仲安开过方子，但主要由西医谢恩增和黄钟诊治。由于对这种周期性发作的病症逐渐有所适应，在未能根治也无法根治的情况下，胡适基本上是病急即投西医，阶段性治愈即可；偶尔也改投中医，往往没吃上几服药，病情又突然减轻了。由于对自身病症的不确定性，胡适在面对医生劝其休养、勿过劳累的忠告时，多半也只是一笑了之罢。

关于“脚气病”，胡适自己还有一个类似于“水土不服”式的解释。事实上，早在1906年末，刚入中国公学不到半年，“脚气病”就在16岁的胡适身上首次发作。《四十自述》中这样写道：我进中国公学不到半年，就得了脚气病，不能不告假医病。到了1907年5月，这病又再次发作，甚至于到了返乡养病的程度了。但奇特的是，这么严重的病症，最终完全是不药而愈——《四十自述》中这样写道：

> 丁未五月，我因脚气病又发了，遂回家乡养病。（我们徽州人在上海得了脚气病，必须赶紧回家乡，行到钱塘江的上游，脚肿便渐渐退了。）

这是少年胡适的一些粗浅看法，他恐怕也没料想到，在之后的人生岁月中，这“脚气病”竟会成为久治不愈的周期性顽疾罢。

对于胡适所患的脚气病及与之对应的心脏病，始终无法从一堆乱麻似的诊疗记录中确定出一份完整病历来。虽然有研究者认为胡适长期发作的脚气病症状，并非是与心脏病相对应的全身对称性水肿症状，而更可能是“丹毒”。这是一种化脓性链球菌引起的皮肤网状淋巴管炎症，但这一观点仍然无法解释，一种炎症病为何会成为每年周期性发作的慢性病？当然，胡适最终死于心脏病猝发，是否与当年西医确诊的"僧帽瓣闭锁不全"有所关联,至少目前还未能得到过更为正式、更为专业的合理解释。那么,在胡适这一场中西医结合的旷日持久的个人医疗史上,我们又能得出些什么呢?

1923年4月,孙伏园在《晨报》发表的一篇"杂感"中,转述胡适关于中西医医学见解的一段谈话,这段转述的谈话无论能否成为"信史",总还是能从侧面说明一些问题的,至少是有一定参考价值的。原来,胡适的一位极聪明的侄儿患重病,好几国的医生都看过了,不能确诊,"只能请教中医"。他说:

> 从十九世纪中叶以来,西洋医学界都把大半的心力用在细菌的一部分学问上,所谓科学的医学,只是指着与细菌学有关的各项疾病而言。所以疾病的预防,疫苗的注射,都有极显著的效用。若既害了病,想求诊治,那么西医有时也与中医有同样的缺点,就是只凭"验方"。……但是胡先生也热烈的希望着,科学的医学日渐扩大,把验方的一部分范围都占领了,换句话说,就是西医到现在虽然这样进步,里面还免不了中医的分子,但愿将来更加进步,将中医也战胜了。所以胡先生批评西医的缺点,决不能让主张中医的人借口,因为前者是希望进步而视现在为不能满足的,后者是以过去为满足而且以现在为已甚的。

胡适认为，尽管西洋医学当时对细菌学有了较多认识，发明了一些有效疫苗，但治疗上仍然缺乏良策，还是与中医一样，“只凭‘验方’”。应当说，在“验方”这个大前提下，西医的便捷与中医的调理，各得其便，暂时还未能有决定性的优劣之别——但关键是，中医安于现状，西医却在不断进步；在当时的胡适看来，中医迟早是会被西医赶超、替代乃至最终取代的。那么，这样的观点是胡适其后四十年生命历程中都一直坚守、都一成不变的吗？

“公案”之外的公共话题

依赖所谓的“医师案例”、“师门回忆录”、“晚年谈话录”等转述资料，来判断胡适生涯种种，诚然会有不那么“铁证”的诸多客观因素存在。而即使是通过胡适本人的某些书信、日记、文稿等第一手资料，来看待胡适对待中医的态度，也并非是可以“一以贯之”的定论。

众所周知，胡适一生推崇“科学”精神，治学强调“尊重事实，尊重证据”的所谓“科学方法”。在这样一种治学理念中，中医与西医的比较研究、实证分析与实事求是的科学结论，与其一生孜孜以求的中国哲学史、思想史研究的各个专题一样，当然不会是一日一时的心血来潮；即或是有“截断众流”式的阶段性假设前提，在日后的研究中也完全有继续修正与改判，甚至推翻的可能。因此，对胡适一生中各个阶段的某种学术立场及治学结论而言，绝不可以点代面，绝不可用其六十岁时的言论代言其三十岁时的观念；甚至于还不能就其晚年言行种种反推出某种看似客观必然的规律，再以这样的"规律"去串联其一生的学术生涯，得出所谓的"盖棺定论"。

而后世研究者往往"先入为主"，对胡适的一生言行，按照研究者自己的立场，加以武断的、草率的、仓促的结论。在胡适对待中医的态度问题上，要么抓住传言中其早年的"秋室研经图"题跋不放，认定其相信甚至推崇中医；要么抓住其晚年言论的只言片语，认定其从不相信甚至敌视中医；围绕这两种非此即彼的观点，搜采各种证据加以论证，当然不是什么困难的事。但须知这样来理解胡适，这样来论证胡适对待中医的态度，乃是把活生生的胡适当做了钉死的靶子。任何一方阵营，或精巧或粗糙的"枪法"，都会总有击中靶子的概率，但却未必是真的"有的放矢"。

套用索绪尔的语言学观念，人类语言有两种特性，即共时性与历时性。那么，理解一个活生生的人，理解一个人的学术观念，一定不是静止僵死的符号式理解。换句话说，我们现在理解与探讨胡适的学术观念，往往陷入一种"共时性"怪圈；即把胡适符号化、象征化，好像胡适是从石头里蹦出的齐天大圣，生来就是一副天不管、地不收，砸烂一切传统的先锋模样。可以说，不运用"历时性"视野，去映照与拟合胡适一生不断更新的学术生涯，是难以充分切实理解胡适的学术观念的。在这一历时性视野中,胡适对待中医的态度,当然是需要打破的怪圈之一;分执两段的极端评判都是需要重新审视与反思的。

胡适所推崇的“科学精神”,绝不是一种急于下判断、急于搞批判、急于大破大立的粗暴心态,也绝不可能是最终为某个结论固守终生、至死不渝的治学旨趣。诚如胡适本人所言,“大胆的假设,小心的求证”,是其一生的治学心得,也是其赢得同时代学人普遍认可的一种治学理念。胡适对待中医,也应当是这种态度;不把胡适一生始终趋于变化革新的治学理念加诸其中医研究之上,不在此前提之下进行历时性观察与充分解读,就急于扣帽子、划界限、贴标签式的判定胡适“信还是不信中医”、“支持还是反对中医”,无疑还是犯了“多谈些主义、少研究些问题”的老毛病。

笔者向来不认同分执两端的极端观念,但如果说胡适对待中医始终是一种“将信将疑”的态度,抑或胡适始终希望将中医理论纳入西方科学体系加以重新审视与评判——这样的观点又无疑是不够鲜明的,是有点“中性”色彩的,似乎也是“左右不讨好”的一种判断。有的朋友说,让我拿出证据来说话,并以胡适的箴言来奉劝我“有几分证据,说几分话”。遗憾的是,除了上述有利于分执两端的诸种“史实”之外,我实在还拿不出别的更有力的实证来。但我始终不愿意选择,那种非此即彼的振振有辞;在没有所谓“实证”之前,只能选择沉默而已。

1920：胡适开讲中医

机缘巧合的是，新近发现的胡适所著《中国哲学史大纲（卷中）》讲义本（以下简称“讲义本”），部分地映证了我这一“中性”观点。这份1919年印制于北京大学，胡适用于讲授中国中古哲学史的珍贵文献，向我们揭示了胡适对待中医的学术态度之冰山一角。

在讲义本第六章“迷信与科学”中，28岁的胡适，在北大讲堂上，向当时的公共知识界报告了他对于中国医学的最新研究成果。在将中医理论纳入世界科学体系中加以考察之际，可以看到，他并没有歧视或忽视中医的历史地位，也没有过分推崇西方科学的偏见。虽然不至于为中医摇旗呐喊，滥发一通“屹立于世界民族之林”之豪言；但其观念“中性”而平和，并没有想象中的剑拔弩张，置传统学术于死地的那种先锋做派。他开篇写道：

> 研究西洋科学史的，知道科学的出身是狠微贱的。古代的天文学是祭司僧侣的遗赐，近代的天文学是从星命学（Astrology）出来的。化学是从炼丹术与炼金术（Alchemy）出来的。物理学与医学也是如此。我们从这个观点来看汉代的种种道士的迷信，也可以

寻出一些狠有价值的科学上的贡献。

讲义中,胡适站在汉代哲学的高度,将汉代科学技术纳入世界科学史的视野,加以一一阐论。他认为在古代种种迷信自然神力的思维进程中,汉代的医学逐渐从迷信程式中脱离出来,开始成为科学、系统的专门学术。他在讲义中写道:

> 求长生、求仙药、求神丹,都与医药学的进步有关系。那时代的医学何以能成为系统的学问呢?依我看来,这是全靠那时代的思想里有几个重要的观念,可以用来把医药学上许多事实贯串起来,故能成为系统。这些观念头之中,最要紧的是,(一)阴阳的观念;(二)五行生克的观念;(三)五脏分配五味、分应四时、五方、五色、五行的观念;(四)气的观念。

胡适除了查证大量史料之外,还熟读了中医经典《黄帝内经》,并以之为立论的基础,对汉代医学的形成乃至中医的基础理论加以简明阐论。他接着写道:

> 《汉书·艺文志》有医经二百一十六卷、经方二百七十四卷、房中术百八十六卷、神仙二百五卷、总名为方技。论曰,"方技者,皆生生之具,王官之一守

也”。又分论医经曰,“察人血脉、经落、骨髓、阴阳表里,以起百病之本、死生之分,而用度箴石汤火所施,调百药齐和之所宜。至齐之德,犹慈石取铁,以物相使”。又分论经方曰“本草石之寒温,量疾病之浅深,假药味之滋,因气感之宜,辩五苦六辛,致水火之齐,以通闭解结,反之于平”。这些议论都是西汉末年、东汉初年的话,可见汉代已有一种有系统的医药学。现有的《黄帝内经·素问》照《艺文志》的叙论来看,大概是汉代的著作。后来的中国医学经验的方面,自然狠有进步,但理论的方面总跳不出内经的系统。

在对《黄帝内经》的逐条分析之后,胡适得出阶段性结论说:

中国医学与药学的基本理论,只是把五脏分配五行,把五味也分配五行,(此说起于晚周阴阳家,《吕览》说得狠详细,《淮南王书》采用他,变为道家的一部分。大概到了汉代,这种学说始完成。)又把五行相生相克的道理来使用针灸药石的疗法,又把阴阳的观念来总括一切气血、脏腑、药性、针灸。初起时,自然是狠浅陋的迷信。到了后来,虽然经验技术进步了,这些阴阳五行的观念已渐渐的成了医学上一些不可少的符号。有了这些符号,这种学问便更容易领会记忆。所以直到如今，这些观念仍旧盘据在医学界里。这些观念在现在看来，自然是阻碍进化的东西。但从历史上看来，阴阳五行等观念在当时，确是狠有功效的工具。有了这些观念，方才可有假设的学理，方才可有系统的理论。中国医学的基本理论，只是《内经》所说“谨察阴阳所在，而调之以平，为期正者正治，治反者反治”一句话。（希腊古代的医学也是以一个“调”字为基本观念。此语见至真要大论。）但这个观念全是根据于阴阳五行的学说，若没有阴阳五行的学说，中国也许只有许多零碎的、完全经验的方技，但必不能有个系总的医学。（中国自古至今，有了许多化学常识和物理学常识，但没有化学，也没有物理学。这都是因为没有几个基本观念做假设的根据，故不成系统的知识。）

在后世研究者的新文化运动各式“审查报告”中，对古代迷信的批判，似乎理所当然是最重要的“学术成果”之一。但在这册胡适94年前使用过的讲义本中，我们看到，古代迷信体系重要概念之一的“阴阳五行”，并非真那么一无是处、百害无一利。胡适并没有武断地将这一概念扫进历史的垃圾堆，而是小心翼翼地将其中的“历时性”功用剥离出来，将“中医”这一看似僵死的“共时性”符号重新唤醒。在他看来，中医正是将“阴阳五行”的概念活用于人体，并将其衍化为一种学术语言范式与理论体系；对这一概念的特定解码运作，客观上造就了中医在汉代成为系统科学。

胡适说得很明白：

> （阴阳五行）这些观念在现在看来，自然是阻碍进化的东西。但从历史上看来，阴阳五行等观念在当时，确是狠有功效的工具。有了这些观念，方才可有假设的学理，方才可有系统的理论。

胡适所强调的这种学术态度，实际上就是要求人们“中性”地看待历史、“中性”地对待中医，既不能把古代文明成果当做万古不移的神明供奉起来而不求进步，也不能把古代的传统文明与文化一古脑扔进垃圾堆而一棒打杀。现代人以“事后诸葛亮”的姿态来评判说这个不先进、那个很落后，当然是以现代科学理论为基础来评判的，但这种评判的客观性是否是百分百的“科学精神”，胡适为之作出了辨证性的思索与探讨。

胡适明确指出：

> 中国医学的基本理论，只是《内经》所说“谨察阴阳所在，而调之以平，为期正者正治，治反者反治”一句话。

而反观世界医学史,“希腊古代的医学也是以一个‘调’字为基本观念”。中医与古代“西医”相比,并不逊色,还异曲同工。但这种基础理论的取得,却正是依赖于后世认为“阻碍进化”、“迷信落后”的“阴阳五行”学说,在“历时性”的历史文明进程中,胡适一方面为“中医”的合法性正名。另一方面,他也为之感慨道:

> 中国自古至今,有了许多化学常识和物理学常识,但没有化学,也没有物理学。这都是因为没有几个基本观念做假设的根据,故不成系统的知识。

“公案”小结:研究胡适需要“中性”视野

通过讲义本的上述内容,胡适早年对中医的系统研究及其学术评判渐次浮出水面。或许,我们还不能据此证明,胡适一生均持其 28 岁在北大讲义本中的观念;也不能据此说明,这即是他对待中医的终其一生的明确态度。但至少有一点可能揭示出来,胡适思想的先锋性,并不是以其对传统文化破坏程度为指标的;胡适对待中医的态度,“中性”却非妥协,有批判也有认可,其“历时性”考察史料的眼光,有一针见血处,亦有融会贯通时。

至于胡适后来所患顽疾是否即是“糖尿病”;中医为其治

愈的是“脚气病”还是“肾脏炎”；采取西医诊疗的“脚气病”是否即是“心脏病”的早期症状；胡适晚年的矢口否认是否又意味着其有某种不可告人的言不由衷等等，所有这些细枝末节的生活史考证背后的极端观念倾向，则实在是可以休矣。关于“胡适信不信中医”，“胡适支持还是反对中医”这样的伪命题，也实在可以到此为止了。或许，在新近发现的这一册讲义本之后，将来还会勃兴出一种变通的伪命题方式——胡适在哪一时期相信中医，又在哪一时期不相信中医？胡适在哪一时期支持中医，在哪一时期又反对中医？

为此，答题者们又得广征博引各路文献，转换叙事手法，重新组织起非此即彼的理论体系来。不过还好，这样变通之后的伪命题，至少还是一种“共时性”眼光向“历时性”视野转变的产物。我想，如果有哪一天，我们不再用这样先前的伪命题，以及变通之后的伪命题去考察胡适及其思想，不再追问“胡适究竟怎样看待中医”并为之列出一个所谓的学术年表来，可能才是我们真正理解、包容、吸纳并受益于胡适思想的开始罢。

胡适，1930 年代存照。

胡适晚年存照，在台湾任“中研院”院长期间。

中華民國十一年十二月二十四日 （第三十四期）

中華郵政特准掛號立券之報紙

努力週報

總發行所北京後門鐘鼓寺八號

THE ENDEAVOR

胡適啓事

△我因爲年來不知節勞，起居無度，以致久病；現已向北京大學告假一年，使我可以休息養病。此事已蒙蔡校長允許，自十二月十七日起，離校休假。以後朋友賜信，請直寄北京鐘鼓寺十四號轉。

這一週

《努力》周报 1922 年 12 月 24 日刊载，胡适因病离校休养启事。

雜感

△「胡適先生到底怎樣？」

胡適啓事

頃從醫院出來，收到許多朋友的賀年片。特此道謝，並給各位補賀新年。

此次診察的結果，已斷定不是糖尿病。這一

十二，一，五，胡適，在協和醫院。

《努力》周报 1923 年 1 月 7 日刊载，胡适在协和医院的声明与所患非糖尿病的启事。

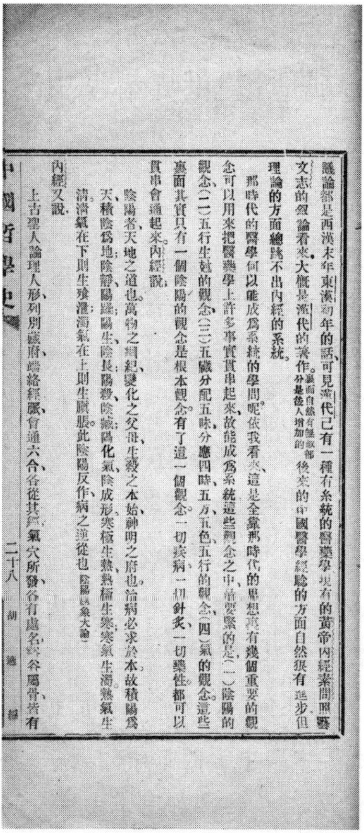
醫論都是西漢末年東漢初年的話，可見漢代已有一種有系統的醫藥學。現有的黃帝內經素問照藝文志的敘論看來，大概是漢代的著作。（裏面自然有無數部分是後人增加的）後來的中國醫學經驗的方面自然很有進步，但理論的方面總跳不出內經的系統。

那時代的醫學何以能成為系統的學問呢？依我看來，這是全靠那時代的思想有幾個重要的觀念可以用來把醫藥學上許多事實貫串起來，故能成為系統。這些觀念之中，最要緊的是（一）陰陽的觀念，（二）五行生尅的觀念，（三）五臟分配五味，分應四時、五方、五色、五行的觀念，（四）氣的觀念。這些裏面其實只有一個陰陽的觀念是根本觀念。有了這一個觀念，一切疾病，一切針炙，一切藥性，都可以貫串會通起來。內經說：

陰陽者，天地之道也，萬物之綱紀，變化之父母，生殺之本始，神明之府也。治病必求於本。故積陽為天，積陰為地；陰靜陽躁；陽生陰長，陽殺陰藏；陽化氣，陰成形；寒極生熱，熱極生寒；寒氣生濁，熱氣生清；清氣在下，則生飧泄；濁氣在上，則生䐜脹。此陰陽反作，病之逆從也。（陰陽應象大論）

內經又說：

上古聖人論理人形，列別藏府，端絡經脈，會通六合，各從其經，氣穴所發，各有處名，谿谷屬骨，皆有

中國哲學史 二十八 胡適編

胡适著《中国哲学史大纲(卷中)》讲义本，第六章论述中国古代医学部分。

胡适论“世界哲学史”

《中国哲学史大纲》的“世界哲学观”

胡适的“世界哲学观”,在《中国哲学史大纲》的撰述中,已经充分表露无遗。在开篇“导言”中,专列“中国哲学在世界哲学史上的位置”一条,他写道:

> 世界上的哲学大概可分为东西两支。东支又分印度、中国两系。两支也分希腊、犹太两系。初起的时候,这四系都可算作独立发生的。到了汉以后,犹太系加入希腊系,成了欧洲中古的哲学。印度系加入中国系,成了中国中古的哲学。到了近代印度系的势力渐衰,儒家复起,遂产生了中国近世的哲学,历宋元明清直到于今。欧洲的思想,渐渐脱离了犹太系的势力,遂产生欧洲的近世哲学。到了今日,这两大支的哲学互相接触,互相影响。五十年后,一百年后,或竟能发生一种世界的哲学,也未可知。

这是一段极其简短，但却相当清晰的“世界哲学观”概述。这段概述之后，还附列有“世界哲学统系图”，则更为形象地揭示出，在胡适心目中，东西方哲学在各自发展之后，从“双线并进”到“双线合一”的“世界哲学观”。

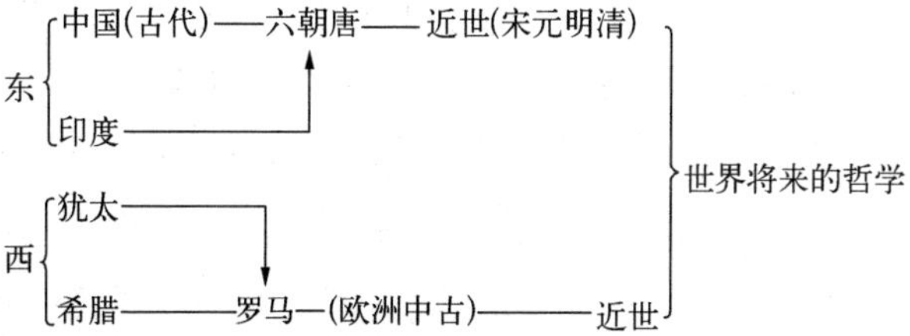

胡适的“世界哲学观”，除了认定东西方哲学终将合一的终极归宿之外，在学术方法上，也一直强调“双线模式”的充分、深入运用。除了上述《中国哲学史大纲》导言中的内容之外，未正式出版的，胡适当年在北大授课时所拟的“《中国古代哲学讲义》提要凡例四则”（详参《胡适遗稿及秘藏书信》第8册，黄山书社 1994 年版），更将这种“世界哲学观”在学术方法上的运用，给予了更为具体细致的定位与阐示。

“凡例第三”称：

> 西洋哲学史，可以为我们研究中国哲学史时作比较参证之用。我治中国哲学史时，得益于西洋哲学史最多。为什么西洋哲学史可以和中国哲学史互相印

> 证，互相发明呢？这都因为人同此心，心同此理，所以人类到了一种大略相同的时代境地，便会生出一种大略相同的理想。这便是世界大同的一种证据。

在“凡例”中，胡适不但给出了一个宏观意义上的“人同此心”的结论，还列举了6条他自己在研究中国古代哲学时，参考西洋哲学进行比较研究的例证，则更为形象生动地验证了“世界哲学观”的方法论价值所在。如用柏拉图“意象”论解读《易经》；用西洋名学解释《墨子》；读《庄子》应证古希腊“地球说”；考证公孙龙学说与古希腊芝诺学说之同理；用西洋哲学解释庄子学说等等；凡此种种，都在不厌其烦地阐发一个道理，即“世界哲学观”可以给国学以现代的解释，可以让国学重获西学的活力。

《中国哲学史大纲》与“双线模式”之创立

胡适早期在哲学史研究中，特别强调要研究中国思想史的逻辑性演变轨迹。这是一条怎样的轨迹？在胡适看来，西方哲学体系与中国思想模式，其现代化进程虽有参差不齐的先后强弱之分，但终将运行于同一条轨道之上；而要探寻这所谓的“轨迹”，无非是去探寻这二者之间或有默契，或有制约；或有同源，或可效仿情状之下的某种趋势。一手辅设西方哲学体系的东方线路；一手打造中国思想模式的西方线路,双线合轨之时,即是“世界哲学”诞生之日。这是胡适“世界观”的重要组成部分之一,哲学必然走向“世界哲学”,“东西方鸿沟”必然因自觉不自觉的、主动或被动的“双线合轨”而化天堑为通途。自然,在辅设与打造“双轨”的过程中,哲学史研究应当是先于哲学研究的基础性工作。

在学术实践的具体操作层面,胡适始终强调“逻辑性”研究在哲学史中的重要性,实际上是要在看似纯粹的语言分析的学术氛围中,以“人同此心”式的比附,引进西方哲学概念,乃至最终将这种比较研究,在“进化论”的语境下给出“为我所用”的结论。可以看到,在胡适的中国哲学史阐论框架中,始终是“双线”比较模式——即以西方哲学史的发展线索为主线,中国哲学史的演变轨迹为副线,或曲或直、或螺旋或平行。在胡适的眼中与笔下,没有单纯的西方哲学概念史,也没有纯粹的中国思想理念史,只有中西哲学的“双线比较史”。

胡适在《中国哲学史大纲》开篇“导言”中,对“哲学”与“哲学史”的定义,可以说是相当“实用主义”的。所谓“人生切要”,所谓“根本解决”,都体现出胡适的哲学观,始终强调要得出结论而不仅仅是提出问题,要解决实际问题而不仅仅是研究理论难题。在他这里,没有终极追问式的、穷其一生去探究的“本体论”,也没有精密拷问式的、殚精竭虑为之构建宏大体系的“超验论”;只有契合“进化论”语境之下的进步、退步之说，只有在进步、退步判定之下的对思想史遗产的弃绝与阐扬。也正因为如此，无论是面对国人时的“疑古开今”——瓦解旧有纲常观念，标榜欧美文明变革；还是面对异邦时的“剔旧扬新”——着力对中国古代思想的现代意义给出新解释，小心剔除中西思想及文明模式上的不吻合边界；胡适的这一“双线逻辑”，在当时的中国学术界乃至国际文化界都赢得了空前的赞誉。虽然，无论当时，还是直至今日，仍有相当数量的“纯学者”对这种模式是否能冠之以“学术”，颇多置疑与批评；但所有的置疑与批评，却无非都是指向胡适本人的学术地位与文化影响力的。试想，若无胡适的声名显赫，哪里还会有这近百年喋喋不休的聚讼？哪里还会有以批判胡适来谋求政治、文化、学术等多方面影响力的熙来攘往的百年人潮？

反过来看，让 28 岁的海归青年胡适，在大师云集的北大讲台上站稳脚跟的那部学术名著——《中国哲学史大纲》，其“暴得大名”的根本原因，也正是其“世界哲学观”之下“双线模式”的成功初体验。首先抓住中国先秦的诸子百家思想，冠以“哲学”的新帽子，裁以“逻辑”的新衣裳，让这些古人及其思想重新妆扮出场，重新登台竞赛。其次辅以所谓“考据”的方法论，大胆评判，不断翻案或平反，以此打乱旧有纲常理念。最后，始终在“进化论”语境之下，以进步、退步的名义，标签化先秦思想，并对此做出是否能“古为今用”的取舍与抉择。无可否认,这种“大乱大治”的学术策略,是套用在西方哲学概念框架里的中国古代思想再造,其再造的过程与结果,当然是有失真、轻率、武断的成分在里边的。

但更让人感兴趣的是,在坚决“洋为中用”的同时,胡适的“世界哲学观”是否如他所标榜的那样,是否一种平等自由的发展史观,是否一种东西方理念平行参照的学术观?这套“双线模式”是否还曾经反过来,平行运用到西方哲学史的撰述中呢?胡适曾经讲授的西方哲学史课程,又会不会有另一种更为微妙的“中为洋用”的模式呢?

《西洋哲学史大纲》再现“双线模式”

从《胡适日记》来看,有记载的关于西方哲学史的授课日期,始为 1919 年 11 月 13 日,截止于 1920 年 6 月 11 日。授课内容始为苏格拉底,终为卢梭。当然,日记的记载并非完全,中有断档,也有遗漏,不可能是当年的全部授课记录。但辅之以尚存的一部《西洋哲学史大纲》残稿(详参《胡适遗稿及秘藏书信》第 9 册),从中尚可大致看出胡适的西方哲学史授课概貌。

这部残稿只有“希腊哲学”部分,始于泰勒斯(Thales,约公元前 624 年—公元前 546 年),终于亚里士多德(Aristotle,约公元前 384 年—公元前 322 年)。从手稿中所列参考书目来看,无疑是吸收了当时在西方最通行,而在中国尚属最新鲜的西洋哲学史学术成果。德国哲学家文德尔班的《哲学史教程》与美国哲学家梯利的《西方哲学史》,就是胡适《西洋哲学史大纲》的总大纲及主要内容来源,与其说是胡适的撰述,不如说是其编译更准确一些。

我们知道,威廉·文德尔班(Wilhelm Windelband,1848—1915)是德国著名哲学家,曾受教于费希尔和洛采,后历任苏黎世、弗赖堡、施特拉斯堡和海德尔堡大学教授,是“新康德主义”弗赖堡学派的创始人。而弗兰克·梯利(Frank Thilly,1865—1934),则是美国著名哲学家和哲学史家。曾任教于密苏里州立大学、普林斯顿大学和康奈尔大学,在大学讲授哲学史多年。以其讲义为基础编写的《西方哲学史》一书在西方哲学界颇受好评,已成为美国各大学哲学系广泛采用的哲学史教材或主要参考书。这样两部在西方学术界通行的哲学史著作,在当时的中国学术界还没有中译本可用,胡适手头的版本,应当都是英文版。其中,文德尔班的《哲学史教程》,曾于1893年由詹姆斯·H·塔夫茨译成英文,1910年又出过第二版;而梯利的《西方哲学史》,初版于1914年。这两部英文版著述,应当就是胡适留美期间的读物——带回中国之后,就已然是西洋哲学史教程中的顶级原典了。

首先,文德尔班的《哲学史教程》,充分体现了他对康德学说的新诠释与新运用;这是一部哲学史料仍为哲学理念所统摄的“主观之作”,是先哲后史、理念先行于史料之作,是哲学家所写的哲学史。他认为哲学问题就是价值问题,世界因此也可以简单分为“事实世界”和“价值世界”,与之相应,人类知识也可分为“事实知识”和“价值知识”。而任何知识都离不开价值,都要以价值为标准,甚至于社会历史科学也不外是关于价值世界的科学。《哲学史教程》就以这种“新康德主义”的观念系统地阐述了以往的哲学体系及其发展史,特别是哲学问题和哲学概念的形成和发展。全书分上下两卷。上卷包括:绪论;第一篇希腊哲学;第二篇希腊化—罗马哲学;第三篇中世纪哲学。下卷包括:文艺复兴时期的哲学;启蒙运动时期的哲学;德国哲学;十九世纪哲学等四篇。

而梯利的《西方哲学史》,则与文德尔班的旨趣背道而驰,是英美哲学对以德国为中心的欧洲哲学的一次反击与重构。特别值得一提的是,此书的中译本曾于 1938 年 7 月由商务印书馆初版,与胡适的《中国哲学史大纲》同列为“大学丛书”之一,应当都是当年在中国通行的大学教材之一。而文德尔班的《哲学史教程》在民国时代没有标准的中译本,这一方面说明德语专业翻译人才的稀缺,德语学术著作译事的冷落;另一方面也说明,当时的中国学术界对这一著作及其理念并不特别认同,本身就不具备通行、流行的特质。对英美文化乃至学术的天然亲近,不但与中国早期留学生的推介与认同有关,恐怕还与英语的普及、英美文化中洋溢的民主、平等、自由等基本呈“中性”、“平民化”的特质有关。梯利的《西方哲学史》，在中译本正式出版之前20年，即被胡适在教程中得以充分运用，也正体现了英美文化在华语世界中的亲切度。

当然，梯利的《西方哲学史》，也的确有某种可以满足胡适“世界哲学观”的内在机理与学术方法。应当看到，此书问世之前，在英美学术界，几乎没有出版过像样的哲学史，大学里的哲学系也是为各种哲学流派所控制，很少讲授现代意义的哲学史课程。文德尔班的《哲学史教程》，也仅仅为“新康德主义”的拥戴者们奉为经典，并不是通行的、可以全盘接受的、可以全民教育式的哲学史标准教本。与文德尔班不同，梯利本人并不是什么有重要影响力的、有阵营流派的哲学家。也正因为如此，梯利的哲学史研究呈现出鲜明的“中立”色彩，以史料推论史实，以史实代替立场，他的著述是力求无偏见的“客观之作”，是史家笔法，而非哲学家笔法。

一般来讲，哲学家阐论的哲学史，最大的问题是带有哲学立场的偏见，因为他总是从自己的立场看待其他哲学家。哲学史家的哲学史则不同，他们所撰述的哲学史相对而言比较客观，是纯粹史家的专题史。可以说，正是梯利，将哲学史从哲学本身的范畴中剥离了出来，使之成为一门新的学科。但这种剥离，又不是粗暴草率的剥离——这种剥离，是一方面尽可能消减哲学家立场的影响，另一方还要兼顾人类历史发展、思想史发展上的内在联系与逻辑。在梯利之前，哲学史一类的书,充其量只能是“历史上的哲学”。它们只是罗列了历史上有过哪些哲学家,曾经提出过哪些观点,至于他们的内在联系,不是被忽视了,就是着墨不多。梯利不同,他在本书的序论里说,哲学史必须力求把每一种宇宙观放在它适当的背景中,把它看成是有机整体的一部分,把它同它过去、现在和将来文化的、政治的、道德的、社会的和宗教的因素联系起来。

在文德尔班与梯利的现有框架之中,胡适择其精要,已经完全可以相当便捷地撰述自己的西洋哲学史。而“中为洋用”的“双线模式”理念,又使他必然还要跨越二人的框架局限。必须承认,在胡适后来逐渐成形的中国哲学史“三段论”理念中,以希腊哲学比附先秦诸子思想;以西方中世纪哲学比附汉代儒教、唐代禅学;以西方文艺复兴时期哲学比附宋明理学、清代朴学直至新文化运动,可以说就借鉴了文德尔班的“新康德主义”式的哲学史分期法则。但梯利的“中立史观”,也必然要求,不可能完全按照“新康德主义”的“价值世界观”,来看待包括中国在内的世界哲学史。加入新史料、考辨新旧史料、通过“名学”来统摄东西方思想发展的内在逻辑等等,胡适皆果断穿插其间;“新康德主义”搭好的架子与“中立史观”的史料视野,再搭配上“双线模式”下的中西方哲学比较研究之内容——一部中国特色的西洋哲学史已经呼之欲出。

“双线模式”曾经成功运用于《中国哲学史大纲》,此刻也必然移置于《西洋哲学史大纲》之中,且已趋于圆熟的标准化。从手稿中可以看到,讲毕达哥拉斯(Pythagoras,约前572—前497)的“万物皆数”哲学,胡适不失时机地引入了中国的《易经》哲学。他指出:

> 我们初听这种议论,定然骇笑。其实我们若能回想中国古代的《易经》和汉代的《太玄》,想当时的人如何崇拜这数理关系在天地间的作用,便不觉得希奇了。

讲芝诺(Zeno,约前490—前425)的辩论术,胡适又直接将《中国哲学史大纲》第八篇“别墨”中的中国古代辩者事迹引入,与其说是在讲芝诺的诡辩智慧,不如说是在表彰中国古代的逻辑学成就,更可以理解为继续为《中国哲学史大纲》做广告。在谈到希腊著名哲人苏格拉底(Socrates,公元前469年—公元前399年)时,胡适更将其与孔子相提并论,认为二者皆倡导一种实际的、指向人生的、建设的哲学。他相当自信地写道:

> 希腊那些“哲人”很像老子、邓析一班人,当时的Socrates很像中国古代的孔子。孔子因为当时的“邪

> 说暴行”太多了，所以主张一种建设的哲学。Socrates也是因为当时的“哲人”太偏于破坏的一方面，所以极力主张一种建设的哲学。

在后来评述苏格拉底的哲学观念时，胡适又屡屡引用孟子、王阳明的学说来加以比较，以此来说明东西方世界在美学、道德、知识学方面的一些共通之处。在苏格拉底之后，列举犬儒学派(Cynic)思想特点时，胡适认为其与先秦杨朱学派相近似；谈到亚里士多德(Aristotle，公元前384年—公元前322年)的意志论时，又强调说：“吾国古人所谓诛心，即此。”虽然手稿至亚里士多德处即中止无存，但可以想象得到，胡适的《西洋哲学史大纲》，在“双线模式”中展开的撰述，是何其顺畅的“一以贯之”。

显然，“双线模式”这样的撰述策略，对当时的读者(无论是华语世界还是泛太平洋地区的读者)容易产生新奇感与亲切感，因为这样的撰述方式，一方面是为希腊哲学祛魅，给欧洲“文明中心论”泼冷水；另一方面也是在为中国哲学回归世界哲学铺平通道，给中国现代化进程平添一份自信。同时也应当看到，这种哲学史观与哲学史教育方式，其背后的驱动力绝非为教学而教学，绝非只是单纯的照搬欧美学术来支撑个人的学术生涯。可以认为，文德尔班的“新康德主义”与梯利的“中立史观”，从一定程度上指引与应证了胡适的“世界哲学史"设想——那就是东西方思想研究中的"双线模式"运用,一方面也可以破除中国思想史上的"儒教中心论"传统语境;一方面还可以确立东西方"价值世界"的普世标准——这样的"世界哲学史"既可以契合"新康德主义"的宏观分期,也符合"中立史观"对史料抉择与运用的内在要求。

而事实上,这一破一立,也正是胡适对某种"世界哲学"成立的一番努力探求,更是胡适对所谓"中国哲学"的重新定位与自我救赎。在胡适看来,"东西方鸿沟"的客观存在,在政治、经济、文化甚至于军事征服的威胁之下,无论是身陷于鸿沟之中,直至淹没消亡;还是据守于鸿沟之外,苦苦支撑终难幸免;都不是也不应当是中华民族的最后宿命。只有主动破除中国现代化进程中的种种思想禁锢,真切研究并承认这条鸿沟的合理性与合法性,继而奋力跨越这条鸿沟,才是中国文明、文化乃至民族兴亡的治本之道。

《五十年来之世界哲学》勾勒"双线模式"新版图

然而遗憾的是,手稿的残缺不全,让我们无法一窥,这极可能是中国首部所谓"世界哲学史"的底稿全貌。通过《胡适日记》来看,这部"世界哲学史"至少写到了欧洲启蒙运动时期。那么,在欧洲启蒙运动之后的"世界哲学史",胡适是否还有过深入研究,是否还有过相关著述存世呢?

如果说"双线模式"在《西洋哲学史大纲》中的充分运用,

只是为中国思想谋一“国际接轨”的通道;那么,在西方哲学迈入启蒙运动之后,胡适是否对这近百年来西方哲学纷繁多变的潮流与趋势,应有所评判、有所取舍呢?这样的评判与取舍,这样的姿态与立场,当然就绝不再是纸上谈兵的书斋结论,“双线模式”走到此时,哪些线路可以走下去,哪些线路不能走下去;哪些线路是主流大道,哪些线路是支流末路,恐怕必得有自己的明确抉择了。与先前在北大开设西洋哲学史大纲的课程还有所不同,对近年来活跃于国际学术界的西方哲学各路思潮作出评判,这显然要比只是跟两千年前的古希腊哲学、两百年前启蒙运动哲学做比较研究,难度更高、风险更大、冒天下之大不韪的因素更多一些。

事实上,胡适在1922年就做了这个颇有难度的抉择,所撰《五十年来之世界哲学》一文,对中国学者眼皮底下的世界哲学潮流做了预判——胡适坚定地表示,只有以赫胥黎、达尔文为代表的“演化论”,与以杜威为首的实验主义方法论相结合的这条道路,才是世界哲学的必由之路,更是中国哲学跨越“东西方鸿沟”的唯一桥梁。

从《胡适日记》来看,他在北大《西洋哲学史大纲》的授课之后不久,就应《申报》之邀,开始着手撰述《五十年来之世界哲学》。1922年3月14日的日记中提到:

前天动手作《五十年的世界哲学》一文,起了两个头，都不满意。今天另起一个头，不知何日可完？

这个时候，胡适尚无头绪，开始动笔时的状况并不令人满意；随后，他在3月16日、17两日尚有两次续写。在此之后，近五个月的时间里，在日记里却再没有续写此文的记录。直到8月10日，在时任《申报》编辑的黄炎培再三催促之下，开始了一次较为满意的续写。当天的日记中写道：

在家，动手续作《五十年世界的哲学》一文。此文起于去年冬间，至今未成。今任之催稿甚急，故续作下去。平常哲学史多不注意达尔文，Hoffding霍夫丁的《近代哲学史》始给他一个位置，但赫胥黎竟几乎没有人提起。此我最不平的一点。今此文他们两人占三千多字，也可算是为他们伸冤。

为达尔文、赫胥黎"伸冤"，并力图在近世哲学史上为其谋一显要位置，这显然是自严复译介《天演论》以来，中国知识分子顶礼"进化论"之后的惯性反应，胡适也不例外。但他多日不曾动笔，一动笔即想到，要把赫胥黎的"天演论"与达尔文的"进化论"，糅合为"演化论"的哲学模式，这说明胡适当时也实在找不到更令人满意、更让人折服的、更新的哲学观念——"天演论"与"进化论"仍是中国知识分子在西学启蒙阶段中，不倒，也未曾倒的旗帜。从 8 月 27 日的日记来看，胡适的写作已近尾声，他对新近出现的以罗素为代表的“新唯识主义”颇不满意，虽然花了相当的精力将其写入文章中，但并不予认同与支持。日记中写道：

> 上午没有人来，是星期日很少有的事。在家做《世界哲学》文。论新唯识主义，极力求浅显明白，但终不容易把这一派哲学说的使人明了。

9 月 6 日，胡适完稿，将整理后的稿件交寄《申报》付印。

1923 年 2 月，《申报》推出《最近之五十年》特刊，以纪念《申报》创立五十周年。特刊的编排颇具新意，除却常规的社会名流、宿儒贤达撰序题词之外，还有相当厚实的主题论文汇编。是书内文分为三编：第一编“五十年来之世界”；第二编“五十年来之中国”；第三编“五十年来之新闻业”——这三编的专题性充分彰显了《申报》广博的国际视野与敏锐的时局观察力。另一方面，这三编内容的撰述者皆为《申报》特邀的知名学者、权威专家，又体现了《申报》在社会上流的话语权与前瞻性。

章太炎（1869—1936）、梁启超（1873—1929）、蔡元培（1868—1940）、胡适（1891—1962）、李大钊（1889—1927）、张君劢（1887—1969）等，这些活跃于 19 与 20 世纪之交五十年

来的名宿新锐，在这份特刊中都找到了阐扬一家之言的位置。而胡适更提交了两篇颇有分量的论文，一篇是后来在新文学运动史上的重要文献《五十年来之中国文学》；另一篇则是胡适断续花费半年写成的、尚感到不十分满意的《五十年来之世界哲学》。

给柏格森、罗素泼冷水

翻开这篇《五十年来之世界哲学》的巨硕版面（原刊物约为 4 开开本），饰以嘉禾的椭圆形胡适肖像，郑重其事的标示着这篇文章在当年学术界、文化界、新闻界的重要性。在日记中提到的，胡适三易其稿的这篇文章“开头”部分，此时终于可一睹全貌了。原来，这确实是一个让人沮丧的开头。在称之为“引论”的文章开篇部分，胡适列举出了近五十年来世界哲学新潮流的 7 个开端；但这其中竟有 5 个不是已经衰微、就是后继乏人；不是已经走到尽头，就是终不成气候。这样的开头，与当时读者想象的“欧风美雨”之汹涌，与后世研究者揣度的“洋为中用”之踊跃，都大相径庭，多少是有点莫明其妙的。

除了可以不再展开评述的，铁定已经退出哲学主流舞台的“旧浪漫主义”、“旧实证主义”之外，胡适在接下来的分项评述中，逐一指明了“新的意象主义只可算是欧洲哲学思潮的一个回波，不能算是正流了”；“尼采也是浪漫主义的产儿，确有很大的破坏功劳”;而当时正在中国知识界受到热烈追捧的,以法国柏格森为代表的“新浪漫主义”,以英国罗素为代表的“新唯实主义”,竟也成了“晚近的两个支流”。在评述“晚近的两个支流”上,胡适用足了气力,花了差不多7000字来阐明他的预判。在总篇幅35000字左右(其中“五十年的政治哲学的趋势”由高一涵与张慰慈代写),胡适本人撰述内容约30000字的篇幅内,用到了近四分之一的篇幅来评述“晚近的两个支流”;可见虽曰“支流”,要把这风行一时的哲学新潮判为“支流”,胡适为此还是颇费苦心、大伤脑筋的。

首先来看被胡适称为“新浪漫主义”的,“晚近的两个支流”之一的柏格森哲学。其实,对柏格森哲学的译介与研究,在1920年代的中国学术界才刚刚启程,但并没有人像胡适那样称其为“新浪漫主义”,而更多地指称为“生命哲学”。柏格森(Henri Bergson,1859—1941),法国哲学家,生命哲学代表人物,“创造进化论”的提出者,巴黎高等师范学校文科博士,1915年当选为语文学院院士,1920—1924年曾任法国最高学府法兰西学院教授。除哲学思想的卓越之外,他在文学方面也有极高的造诣,并因而获得1927年的诺贝尔文学奖。他的主要哲学著作有:《时间与自由意志》(1889)、《物质与记忆》(1902)、《形而上学导言》(1903)、《创造进化论》(1907)等。

柏格森用“生命冲动”和“绵延”来解释生命现象,认为生命冲动就是绵延,就是“真的时间”,就是宇宙的唯一实在,而这实在只能靠直觉来把握。这种“纯度”极高的新思想，是剔开了“宗教”与“古典哲学”思维体系的“新哲学”，是撇开了“科学主义”及“伦理学”双重影响的“新进化论”。“生命哲学”对从“师夷长技以制夷”以来，已经开始怀疑“欧风美雨”到底是否适合中国，追索中国到底有没有自己的哲学体系的当时代中国知识界而言，正如一剂药效神奇的“清凉散”，其退热凉血、杀毒止痒的功效迅即显现。当然，随之而来的，是“生命哲学”本身的大热，中国知识界的默契者、追随者、鼓吹者一批接着一批而来。

1918 年底，梁启超、张君劢等人一行远赴刚刚结束战乱的欧洲。对于正在热捧德先生与赛先生的当时代中国人而言，欧战的惨烈景象无疑让这帮中国科学主义先行者们大跌眼镜。梁启超在《欧游心影录》中说：

> 欧洲人做了一场科学万能的大梦，到如今却叫起科学破产。这便是最近思潮变迁的一大关键。

带着这一令人震惊的思索，在法国的旅程中，梁氏一行专程走访了尊崇生命本身的哲学家柏格森。他在寄回国的信中，描述了见到柏格森的情形：

> 吾辈在欧访客，其最矜持者，莫过于初访柏格森

矣。他日复返法，当拟请柏格森专为我讲授哲学，不审彼有此时日否耳。

虽然，后来柏格森并未赴中国讲学，但梁氏主持的“尚志学会”却由此展开了对柏氏著述的大规模译介。

梁氏归国后不久，1920年代初就形成了研究柏格森“生命哲学”的热潮。柏氏的主要著作都被翻译出版：《创化论》(张东荪译，1919年)、《物质与记忆》(张东荪译，1922年)，《形而上学序论》(杨正宇译，1921年)，《心力》(胡国钰译，1924年)，《时间与自由意志》(潘梓年译，1926年)等，另有一些外国学者研究柏格森的书也被翻译出版，如汤澈、叶芬可译李洛蒙(法)著《柏格森》，刘延陵译卡尔(英)著《柏格森之哲学》，张闻天译卡尔(英)著《柏格森之变易哲学》等等。研究柏氏思想的文章也纷纷见诸报刊：冯友兰的《柏格森的哲学方法》和《评柏格森的〈心力〉》、吴康的《柏格森哲学》、唐君毅的《柏格森哲学与倭铿哲学之比较》、范寿康的《最近哲学之趋势》和《柏格森之时空观》、李石岑的《现代哲学杂评》等等。

再来看被胡适称为“新唯实主义”的，“晚近的两个支流”之一的罗素哲学。与柏格森哲学相比较，罗素哲学走向了另一个极端，从极端反对理性对哲学的统辖，走向了极端推崇“纯理性”对哲学的至高统辖权，并对“纯理性”加以极端的

“法式化”，直接促成了现代语言哲学的诞生。罗素（Bertrand Russell，1872—1970）是20世纪英国哲学家、数学家、逻辑学家、历史学家，是20世纪西方最著名、影响最大的学者和和平主义社会活动家之一。他还被认为是与弗雷格、维特根斯坦和怀特海一同创建了分析哲学——他与怀特海合著的《数学原理》对逻辑学、数学、集合论、语言学和分析哲学有着巨大影响。1950年，罗素获得诺贝尔文学奖，以表彰其“多样且重要的作品，持续不断的追求人道主义理想和思想自由”。

1920年10月8日，罗素抵达上海，应梁启超之邀访华。梁启超时任北京政府财政总长兼盐务总署督办，发起“讲学会”；与商务印书馆负责人张元济磋商，得到每年5000银圆的专项资助，专为聘请国外学者来华讲演之用。罗素访华，正是在以梁启超为首的中国知识界主流圈子的支持下，得以成功实施的。

罗素到上海的第二天，江苏教育总会、中华职业教育社、新教育共进社、中国公学、时事新报、申报、基督教救国会等团体举行欢迎晚会，百余人出席的规模隆重而热烈。罗素发表了热情洋溢的演讲，除了访华初感等答谢辞之外，还特别希望中国能够开创出一条新路，不要不分好坏抄袭别国经验，并强调要警惕西方近代商贾主义。离开上海后，罗素去了长沙，再赴北京。梁启超于11月初在北京首次代表“讲学社”致辞欢迎罗素，他的致辞本身也代表了中国知识界对罗

素哲学的欢迎程度,致辞称:

> 我们对于中国的文化运动,向来主张“绝对的无限制尽量输入”。至于讲学社,是一个介绍的机关。只要是有价值的学说,只要是好货,都要办进,凭个人喜欢买哪样就买哪样。我常说中国学问的衰落,由汉朝的表彰六艺、罢黜百家。无论他表彰的罢黜的对不对,总是把思想的自由锢蔽了。所以,我们要大开门户,对现代有价值的学说都要欢迎,都要灌输,这就是讲学社的宗旨。

应当说,罗素访华的前提,并不仅仅在于所谓“新唯实主义”的哲学理念在国际学术界的地位与声望,更在于以梁启超为首的中国知识界在“五四”运动之后,迫切需要一种更新的、更具建设性的、更切近于国际语境的、相对更易于中国接受并吸纳的理论学说。在未能访华的柏格森之后,罗素似乎可以成为最佳人选。

罗素长达10个月的访华讲演,先后在上海、杭州、南京、长沙、北京、保定等地巡回进行,其讲演主要包括以下内容:一、哲学问题;二、数理逻辑;三、物的分析;四、心的分析;五、社会结构学。此外,还有“社会改造原理”等题目。罗素的演讲稿分别由商务印书馆和北大新知书社出版,不但登载罗素讲演翻译笔记稿，还进一步介绍有关罗素学说、生平事迹等等。如《哲学问题》(罗素讲演录之一，瞿世英译记，1922 年)、《物的分析》(罗素讲演录之三，任鸿隽译记，1922 年)、《社会结构学》(罗素讲演录之四，伏庐笔记，1922 年)、《罗素论文集(上下)》(东方杂志社编，杨端六、胡愈之等译，1923 年)以及《我的信仰》(何道生译，1926 年)等等。在此期间，罗素访华赞助方商务印书馆还出版了规模庞大的罗素著作的中译本，如《哲学中的科学方法》(王星拱译，1921 年)、《算理哲学》(傅钟孙等译，1923 年)、《战时之正义》(郑太朴译，1921 年)、《政治理想》(程振基译，1921 年)以及《德国社会民主党》(陈与漪译，1922 年)等等。

应当说，柏格森与罗素的中国影响力，在 1920 年代，无论是在中国学术界，还是泛文化圈子里，都是炙手可热、如日中天的。柏格森“生命哲学”的反理性至上的主张，赢得了素来以“东方哲学”特色自守自持的旧派精英们的追捧——佛学、儒学、道家学说混杂一脉的“东方哲学”，在柏格森的“生命哲学”体系中都可以找得到合理性与合法性。而罗素的“新唯实主义”的理性至上，以“法式化语言”严格规约哲学研究对象的主张，又迎合着曾留洋欧美、以西方哲学正统自居的新派精英们的胃口——精密、严格、绝对、纯粹的专业化学术模式，是摒弃中国旧学传统、确立“西化”学术地位的基本要求。

说到底，1920 年代的中国学术界，旧派与新派精英们的学术模式之对垒与抉择，都义无反顾地走进了非此即彼的单向路径。选择柏格森或罗素，实际上并不是在充分领会的基础上接受一种新学说，也还不是寄望于此在学术界实施一场新革命，而只不过是在变相的界定与强化自己原有的学术立场。但胡适是坚持要走“双线模式”的；他之所以不遗余力地批评柏格森与罗素的哲学理念，之所以要将这两种当时在中国热力四射的学说判定为“支流”，正是他的学术立场内在的必然要求。他左右开弓，以双手互搏的艰难姿态，要让极端反理性与极端爱理性的中国新旧知识精英们，重新思索中国哲学的出路，重新探索世界哲学里中国思想的位置。

将柏格森、罗素逐出“世界哲学”

胡适指出：

> 柏格森批评那机械式的演化论，很有精到的地步。但是他自己的积极的贡献，却还是一种盲目的冲动。五十年来，生物学对于哲学的贡献，只是那适应环境的观念。这个观念在哲学界的最大作用，并不在那机械论的方面，乃在指出那积极的，创造的适应，认为人类努力的方面。所谓创造的适应，也并不全靠狭义的理智作用，更不全靠那法式的数学方法。近代科学思想早已承认“直觉”在思考上的重要位置了。大

> 之，科学上的大发明，小之，日用的推理，都不是法式的论理或机械的分析能单独办到的。根据于经验的暗示，从活经验里涌出来的直觉，是创造的智慧的主要成分。我们试读近代科学家像法国班嘉宾的《科学与假设》(Poincare, Science and Hypothesis)，和近代哲学家像杜威们的创造的智慧，就可以明白柏格森的反理智主义近于“无的放矢”了。

胡适承认，柏格森哲学在学术模式上的精致；但同时也认定，反理智主义的极端倾向，乃是一种极端的错误。这种错误就在于，把直觉抬到高于理智的地位，就等于是手握精良的弓箭，却没有了可以瞄准的目标；理性工具的极端进步，却由于不承认经验的靶向，而导致非理性的滥用。胡适强调，无论再怎么精致的理论，只要否认了人类经验基础的合理性与合法性，都将陷于“无的放矢”的窘境。这实际上是人类理性的退步，另一方面，非理性也不可能因此再进一步，也不可能最终取代理性，成为人类思想的主宰性力量。这种理论，将无法再前进一步，而最终归宿只能是神秘主义，或在神学中找到某种默契。

罗素哲学，则走向了柏格森哲学的另一种逆向极端。胡适指出：

罗素说哲学同“逻辑”无别，现在我们姑且不说这样缩小范围的是否正常。我们要问，如果科学不问“经验的证据”，他们更从何处得来那些“普通的原理”？他们说，须用分析。然而分析是狠高等的一个知识程度，是经验知识已进步狠高的时代的一种产物，并不是先天的。人类从无量数的“经验的证据”里得来今日分析的本事，得来今日的许多“逻辑的法式”，现在我们反过脸来说“哲学的命辞须是不能用经验上的证据来证实或否证时”，这似乎有点说不过去罢？

如果说罗素对“纯哲学”的“提纯”工作，只是要将“逻辑的法式”提高到超越人类经验的地位上去，这种做法已经是将学术模式凌驾于人类经验之上，已经是舍本逐末的“走火入魔”。对此，胡适虽不能接受，却尚可会意其治学上的苦心。那么，胡适对罗素大谈“哲学里的科学方法”，而这一“科学方法”的前提乃是“哲学不可论人生事物”的观点，则尤其不能接受，几近无法忍受的地步。他为此强烈反对说：

我们观察我们这个时代的要求，不能不承认人类今日的最大责任与最需要是把科学方法应用到人生问题上去。然而罗素的“哲学里的科学方法”却说哲学命辞“必不可论到地球上的事物,也不可论到空间或时间的任何部分”。依这个教训,那么,哲学只许有一些空廓的法式,“可以适用到一切个体事物”。假如人生社会的问题果然能有数学问题那样简单画一,假如几个普遍适用的法式——例如“X = A, A = B, ∴X = B”——真能解决人生的问题,那么,我们也可以跟着罗素走。但这种纯粹“法式的哲学方法”,斯平挪莎(Spinoza)在他的《笛卡尔哲学》和《人生哲学》里早已用过而失败了。罗素是现代提倡这种“科学方法的哲学”的人,然而他近年来谈到社会问题,谈到政治问题,也就不能单靠那“不论到地球上的事物而可以适用到一切个体事物”的先天原则了?

胡适最终对罗素哲学得出结论说:

我们对于新唯识主义,可以总结起来说:他们想用近代科学的结果来帮助解决哲学史上相传下来的哲学问题,那是狠可以佩服的野心;但他们的极端,重分析而轻综合,重“哲学家的问题”而轻“人的问题”,甚至于像罗素的说法,不许哲学论到地球上的事物,不许经验的证据来证实或否证哲学的命辞——那就是个人资性的偏向,不能认为代表时代的哲学了。

在以“双线模式”撰述的《中国哲学史大纲》“暴得大名”之后，胡适出人意料的，将早已红透欧美的两大哲学家剔除世界哲学的主流之外，并言之凿凿地将其预判为“支流”。这当然让很多新派学者难以接受；这一次，胡适在新派学者眼中也成了“离经叛道”者。

哲学的改造或终结

在批评罗素的方法论局限于“哲学法式”，而回避现实的人生问题之解答时，胡适的追问是发人深省的，并因之可以有一系列的疑问——哲学理论、法式何以能适用到一切个体事物？既然哲学在西方学术体系中号称“哲学王”，何以要退缩到纯粹的逻辑理论？何以只提供“空廓的法式”？何以“必不可论到地球上的事物，也不可论到空间或时间的任何部分”？又何以“不论到地球上的事物而可以适用到一切个体事物”？

事实上，这些问题，不但罗素自己解答不了，同时代的西方哲学家同样为之进退两难。柏格森哲学乞灵于生命本身的一些非理性因素，而罗素则把哲学退缩进理性演算的公式中去了，这都是在两难境地中的极端抉择之一。胡适当时并未涉及到的，同时代或稍晚勃兴起来的各种西方哲学流派，诸如胡塞尔的现象学、海德格尔的存在主义哲学、维特根斯坦的逻辑哲学论、伽达默尔的解释学等等，无一例外的，都是在探寻非理性与理性因素在哲学理念中的某种制衡、某种超越、某种解释、某种重构。这些探寻,无论从何种层面、何种量级、何种趋势上改写着西方哲学史,但从根本意义上讲,并没有彻底改观自柏格森、罗素以来的西方哲学两大偏向——非理性的极端化与理性的极端化。这些探寻,都不能从根子上重新奠立"哲学王"的合法性与合理性。

在柏格森、罗素之后的西方哲学界中,"哲学之终结"的呼声此起彼伏,物理学、生物学、心理学、人类学、语言学、符号学乃至神学的因素,都逐渐渗入、混融到哲学的概念范畴之内;并由此促成、催生了繁杂多变的各类专门哲学,如科学哲学、艺术哲学、语言哲学、结构主义哲学、解构主义哲学等等,纯粹意义上的"大一统"式的古典哲学已成为一个历史范畴。至于我们现在所熟悉的所谓"后现代哲学",自萨特的"存在主义"之后,诸如福柯、德理达、罗兰巴特、德勒兹等人的学说,都已经是在"哲学之终结"之后的"后哲学"理论了。这些徒具"准哲学"样式的"后现代哲学",从根本上讲,的确已经不再具备解决所谓终极关怀与人生问题的内核了。"哲学之终结",是在以柏格森、罗素为代表的极端化哲学体系继续发展、变异、膨胀之后的必然结果。哲学本身已经不具备包办一切的学术特权,而逐渐走向单一的、纯粹的学科化理论;直觉化与法式化语言也都未能最终取得唯一的统辖权,而分崩离析为各种"准哲学"样式。但须知,这种西方哲学现状与局势，已是胡适撰述《五十年来之世界哲学》一文之后近半个世纪，方才显露与呈现出来的。

可以说，胡适对柏格森、罗素哲学的批判，是中国学术界对“哲学之终结”的最早预判。胡适抨击1920年代欧美哲学新潮中的两大极端方向，否决其在中国的传播、接受与吸纳，从客观上讲，是对“哲学之终结”时代的敏锐感知，还仍然是对哲学本身的过高寄托及其“世界哲学”设想的最后捍卫。胡适明确地提出、迫切的需要科学方法解决人生问题，这一态度与立场，在他看来，是哲学之所以称其为哲学的前提，是哲学还可以在已经专门化的学术体系中，保持某种“学术特权”的要件。如果哲学不能提供科学方法，如果哲学理论不能为科学方法所验证；如果哲学不能以科学方法解决人生问题，如果人生问题之解决可以在哲学之外寻得，那么，哲学还有何存在之必要？哲学还有何存在之价值？

胡适对于哲学本身的寄望与立场，除了直接导致之后不久发生的“科玄论战”事件，更间接导致了他在1929年宣称“哲学之终结”，就此对哲学采取了彻底弃绝的态度（详参本书《胡适谈“哲学之终结”》一文）。当然，我们也应当看到，除了花费约7000字，用全文近四分之一的篇幅来批评柏格森、罗素哲学之外，胡适还用了约15000字、全文一半以上的篇幅来阐扬达尔文、赫胥黎的“演化论”与杜威（John Dewey，1859—1952）的“实验主义”。姑且不论“演化论”能否作为严格的哲学理论加以讨论，也不论“实验主义”可否作为哲学的方法论来拯救哲学本身，还不论胡适是否对其老师杜威的哲学理念有某种必然的亲切感；胡适所力荐的“演化论”+“实验主义”的哲学模式，能否成为一种新哲学模式，能否确立比柏格森、罗素等更为完善的哲学体系，能否代表西方哲学界“晚近的两个主流”，也并非毫无疑问，也并非无懈可击。

诚然，在二十世纪上半叶，“演化论”作为西方科学发展的必然结果，已成为西方世界的一种世界观模型，了无疑义。但这种世界观模型、常识型经验，对哲学的终极问题；对哲学存在的合理性与合法性；对哲学是否应当成为一种现代科学的解释学；对哲学是否需要跟随现代科学的发展，而不断更新自己的“法式”与“元语言”体系等等；都还没有实际意义上的解决策略，也不可能承担与之相应的解决方案。从某种意义上讲，杜威的“实验主义”，是一种构造独特的“动态观念论”，已经可以算作“演化论”涉入哲学体系的一个“优化”方案了。我们知道，杜威早期虽然承袭了黑格尔的部分思想，但由于其引入了生物学及生物学上的进化理论，因此并不赞成“观念”本身的绝对概念——即“观念”完全是一个固定不变的静态的说法。他认为观念自身并不是绝对的，观念为可易的、动态的、具有工具性的指导效能，使人更能适应外在的环境；人类的观念也必然是生物学进化论的要件之一，也是发展、变易、再发展的，也因之是动态的。

杜威的“实验主义”——动态观念论，还有条件地吸取了柏格森的“绵延”概念，确实也具备了对西方传统哲学体系的颠覆性与革命性。在此基础之上，杜威对“经验”一词的涵义之解释颇具创造力，他认为，经验是一个单一、动态、而完整的有机整体。经验并不是可以割裂的，经验是相关的，不仅与产生经验的情境相关，而且，经验自身就是一个绵延不绝的发展历程。比柏格森更进一步的是，杜威强调，经验不只是纵横相关，绵延发展，而且经验自身是有机性的。经验是具有扩张性、生长性、相关性与预测性的。杜威的经验涵义，不完全是从哲学的观点来给予界定；他也把生物学的涵义，掺入在“经验”概念里。可以说，杜威的“实验主义”，是一种渐进式、渗透式、迂回式的古典哲学现代化方案，“演化论”与“实验主义”由某种天然的默契达成了理念衔接。

但这种默契与衔接，仍然只停留在“方法论”层面，解决不了哲学的“本体论”问题。演化的、动态的、实验的，从语义上讲，都只是同义反复而已，并没有解答西方哲学传统中的终极命题——什么是绝对的、纯粹的、必然的？换句话说，“演化论”+“实验主义”的哲学模式，只是提供了一种方法论的可能性，并不是严格的、圆满的、完善的终极体系。但这在胡适看来，已经足够，而且没有必要纠缠在纯粹学术意义上的哲学命题之中，他为之断言，并引用杜威的观点与话语写道：

> 杜威觉得哲学史上有许多问题都是哲学家作茧自缚的问题，本来就不成问题，现在更用不着解决了。我们只好“以不了了之”。他说：如果哲学不弄那些“哲学家的问题”了，如果哲学变成解决“人的问题”的哲学方法了，那时候便是哲学光复的日子到了。

胡适引杜威的这句原话，按照胡适在文中的附注，应是出自其《创造性智慧》(Creative Intelligence)一书中的文章《哲学复兴的需要》。此时，离胡适自己宣称“哲学之终结”，还只有七年时间。在这七年时间里(1922—1929)，他虽然仍旧娴熟地、随机地运用“双线模式”，继续评述中外思潮与时局，但逐渐不再阐论“中国哲学史”，而改称“中国思想史”。将“哲学”改称为“思想”——从纯粹的学科模式到泛文化场域，恐怕不单单是一场更为剧烈的“哲学的改造”，更是一种“创造性智慧”的抉择罢。

蔡元培为胡适再加冕

与胡适这篇《五十年来之世界哲学》，同载于《申报》五十周年纪念册上的，还有蔡元培所撰的《五十年来中国之哲学》与之相对应。可以看到，在这篇 20000 字左右的文章里，所谓“中国哲学”的发展阶段评述，除了中国古代哲学研究进展占了一半篇幅之外，另一半篇幅则皆是“某中国学者 + 某一西方哲学学说”的“对对碰”方式，来加以逐一评述的。这种书写模式，无疑仍是一种比较研究模式之下的评述策略，更是“五十年来中国之哲学”并无纯粹本土哲学模式的真实写照。蔡元培在这样的“双线模式”评述之前，就郑重申明：

> 最近五十年，虽然渐渐输入欧洲的哲学，但是还没有独创的哲学。所以严格的讲起来，“五十年来中国之哲学”一语，实在不能成立。现在只能讲讲这五十年中，中国人与哲学的关系，可分为西洋哲学的介绍，与古代哲学的整理，两方面。

蔡元培的这篇文章，把新派学者与旧派学者的成果分得很均匀，各分配了10000字来加以评述——旧派学者以康有为、章太炎为代表，主要是研究中国古代哲学的成果展示；新派学者则以严复、王国维为先声，主要是译介西方哲学著述的成果展示。除了总结成绩、概述近况之外，关于新派学者译介西方哲学的历程之个案评述，则总共用了约8000字来评述——在“严复＋赫胥黎”；“王国维＋叔本华”；“张君劢＋柏格森”之后，蔡元培花了大约1500字来介绍“胡适与杜威哲学”。

蔡元培提到，为迎接杜威访华，胡适那篇著名的“谈谈实验主义”，可谓认识杜威哲学的启蒙说明书。文中接下来的评述，则几乎完全照搬胡适的原文与观点，可以说是全盘接受的。除了译介杜威哲学的成绩可圈可点之外，蔡元培仍旧更关注胡适的“双线模式”哲学史研究，在篇末总结时更特别提到，《中国哲学史大纲》的学术方法及其对中国哲学之意义。他写道：

> 凡一时期的哲学，常是前一时期的反动，或是再前一时期的复活；或是前几个时期的综合；所以哲学史是哲学界重要的工具。这五十年中，没有人翻译过一部西洋哲学史；也没有人用新的眼光来著一部中国哲学史，这就是这时其中哲学还没有发展的证候。直到距今四年前，绩溪胡适把他在北京大学所讲的《中国哲学史大纲》上卷，刊布出来，算是第一部新的哲学史。胡氏用他实验哲学的眼光，来叙述批评秦以前的哲学家，最注重的是各家的辩证法，这正是从前读先秦哲学书者所最不注意的。而且他那全卷有系统的叙述，也是从前所没有的。

在蔡元培的评述中，不难看出他的判定——虽然中国当时还没能诞生一位真正的哲学家，但哲学史家已经毫无疑问地诞生了。胡适的“双线模式”，无疑是将中国哲学向世界哲学阵营的进程，迈进了重要的一步。虽然胡适仍未能成为严格意义上的哲学家，但他毕竟是从译介西方哲学的中国学术阵营中脱颖而出，换译介者身份为哲学史家身份，易追随者地位为评判者地位——这才是蔡元培所真正看重的东西。中国学者从被动的西方哲学译介者、追随者，因胡适的出现，逐渐成为西方哲学的评判者、世界哲学的建构者——这是蔡元培给这个中国第一位哲学史家的加冕词，虽然类似的评价已经在《中国哲学史大纲》的序语中有过充分的表露。无论同时代的中国学者接受与否，继《中国哲学史大纲》"暴得大名"之后，胡适的"哲学史家"再加冕，仍然由蔡元培等记录在案。

梁启超改题"世界哲学史"

胡适《中国哲学史大纲》的大受追捧，毋庸多言。而《五十年来之世界哲学》，因其篇幅所限，文章论述的深度与广度、文章结构的密度与精度，自然还无法与之相提并论。这篇文章，胡适也从未将其付诸演讲宣扬；在其1929年宣称"哲学之终结"以后，胡适对西方哲学的专题研究及评述更几近绝迹，这篇文章遂石沉大海，在胡适的学术生涯中再没有激起过任何波澜，学术界对此也几乎遗忘。

大多数读者看到《五十年来之世界哲学》一文，皆是因《胡适文存二集》(1924年1月初版)收入了此文的缘故。事实上，除了在1923年2月《申报》五十周年特刊《最近之五十年》上首次发表之外，此文还有两种单行本行世。一种是

1924 年 3 月由《申报》印制的单行本;另一种则是 1924 年 4 月上海世界图书馆印制的单行本,这个版本的特异之处是请梁启超题写了书名。

众所周知,梁、胡二人在学术观念上有相当大的分歧,曾因《中国哲学史大纲》一书有过多次交锋与论争。虽然二人总体上还算保持着君子风度,并非因意见不合而老死不相往来,但梁为胡的书题写书名,这还是目前所知的第一次,也可能是最后一次。更有意思的是,梁的题笺,径改了原书名,多出了一个"史"字,题为《五十年来之世界哲学史》。无论是不经意为之,抑或有意为之,看来梁最终还是部分地接受了——这位以"双线模式"率先开创中国哲学史研究的胡适,不算哲学家的胡适,还是当得起哲学史家之称谓的罢。

胡适，1923 年存照。

柏格森(Henri Bergson,1859—1941)

罗素(Bertrand Russel,1872—1970)

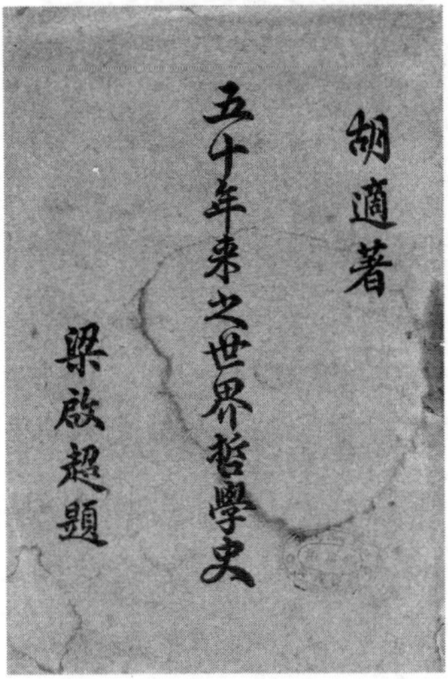

《五十年来之世界哲学史》，胡适著，梁启超题笺，1924 年 4 月上海世界图书馆初版。

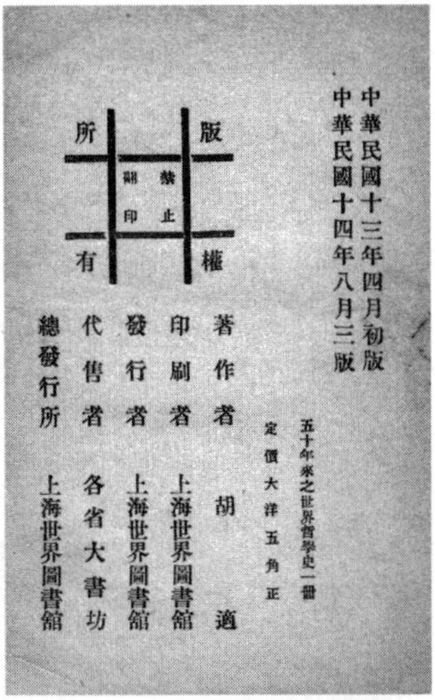
中華民國十三年四月初版
中華民國十四年八月三版

五十年來之世界哲學史一冊
定價大洋五角正

版權所有
翻印禁止

著作者 胡適
印刷者 上海世界圖書館
發行者 上海世界圖書館
代售者 各省大書坊
總發行所 上海世界圖書館

《五十年来之世界哲学史》，1925 年 8 月第三版版权页。

1941年，胡适在出任驻美大使期间，作书刊剪报。

五十年來中國之文學

胡適

適胡

1923年2月，《申报》五十周年特刊《最近之五十年》，胡适撰《五十年来中国之文学》版面。

杜威(John Dewey,1859—1952)

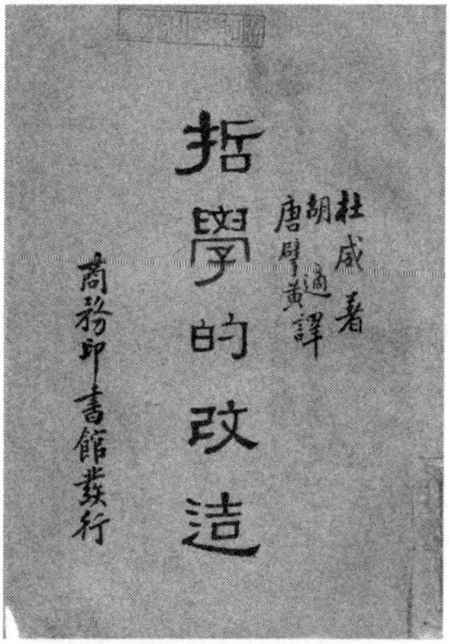

杜威演讲集《哲学的改造》,胡适、唐擘黄译,商务印书馆1933年2月初版。

胡适谈“哲学之终结”

——以 1929 年胡适在上海、苏州的两次演讲为例

恩格斯之后，胡适再提“哲学之终结”

熟悉西方哲学史的读者大多知道，自恩格斯 1886 年撰写《路德维希·费尔巴哈和德国古典哲学的终结》以来，“哲学之终结”的议题，便在西方哲学体系内部丝缕不绝、渐成风潮。这一议题是伴随着现代哲学思想的产生而产生的，古典哲学向现代哲学乃至后现代哲学的转变，也并不意味着哲学本身的终结。直到海德格尔于 1964 年发表的“哲学的终结和思的任务”一文，才正式将“哲学”这一概念，从学术史、思想史、社会学、语言学等多个角度加以阐发，宣告“哲学”从形而上学至独立学科时代的完成与正在完成——而“完成”本身，在海德格尔看来，是可以称之为“终结”的。

从这个意义上讲，海德格尔宣告的乃是，那种固有世界观、定向思维模式、单一概念体系哲学的终结。简单来讲，从恩格斯到海德格尔，西方哲学界在 19 世纪与 20 世纪之交的

百年间，基本终结了哲学在人文学科领域的“统辖权”；而这一切，莫不有赖于西方科学的发展及科学发展之后催生的种种理念与反思。

而19世纪与20世纪之交的中国，“西风东渐”是作为殖民地化的一个后果长期存在的，“洋为中用”则是被迫的、不得不所谓“变法图强”的一种策略；在这种情势下，西方学术的引进、推介、运用乃至信服，乃至承认中国文明的落后与倡导“全盘西化”，对任何一位中国学者而言，都将有一个相当痛苦乃至痛定思痛的转变过程。胡适，无疑正是这一场近代中国向现代中国“蝶变”过程中的佼佼者，在对西方哲学观念、理念、概念的引进与推介中倾尽全力，并且将“哲学”概念纳入到中国思想史中进行比较研究，首倡“中国哲学”这一学术概念。

应当说，胡适这样做的本意，乃是要让当时的中国学术尽快摆脱“前现代化”的被动局面，这样的做法本身也确有“标新立异”、“拔苗助长”的某种仓促与草率；但同时也应看到，这一做法也是力图将中国思想的精华部分包装成一种“国际学术”，使中国学术迅速完成现代化与国际化进程，并在西方学术界尽快获取其合法性与话语权。胡适的“开风气之先”，效果是显著的，影响是空前的——胡适著《中国哲学史大纲(卷上)》自民国八年(1919)二月由商务印书馆初版以来，迅即风行海内，再版达15次之多，受到社会各界广泛关注,更为青年学子们所倾心与追捧。

我们知道,《中国哲学史大纲》是胡适学术生涯中的“定海神针”,是奠定其学术地位的开山之作。但遗憾的是,这也是他终生未竟之作,卷上出版之后,原计划撰写的卷中、卷下始终未能完成。虽然新近发现了卷中部分的北大讲义本,及部分涉及卷中、卷下内容的手稿残本;但这些著述毕竟在当年均未能公开出版,都只是停留在讲义或手稿层面的“半成品”。特别值得注意的是,在 1930 年代之后,胡适无论在授课、撰著或是演讲、研讨中,对使用“哲学”一词,都相当谨慎;对“中国哲学”这一概念更是讳莫如深,开始频繁使用一个更宽泛的概念名词——“中国思想”。

有相当多的研究者据此判定,此时的胡适可能已经没有完成《中国哲学史大纲》的信心与动力,“中国哲学”这一概念从当初的仓促提出到始乱终弃,是必然的结果。但究竟是什么原因促使胡适放弃“中国哲学”这一概念,并始终未能完成《中国哲学史大纲》的续写呢?研究者们则往往只是从胡适的交际应酬过多,学术积淀不够,学术兴趣转移等等,看似客观、实则浮浅的层面去评述,终不得要领。试想,以胡适的思维敏锐与撰著速度来看,以一个普通撰稿人的行为逻辑与价值判断来看,有什么理由会放弃一部已再版 15 次的“畅销书”的续写?有什么理由会放弃一部已经“暴得大名”的专著之完成?

无可否认，在当时的中国学术界，无论新派旧派，无论留洋的海归，还是权威的宿儒，对胡适的“暴得大名”颇为不满、不屑者大有人在。即使是近百年后的今天，对胡适提出“中国哲学”这一概念及其说法、做法颇不赞同者，也大有人在。但将中国两千年来的纷繁无序、各说各话的思想，若隐若现、真假难辨的各路观念，统统按照西方哲学的思维框架，大胆剪裁与包装，让再也不可能为之“穷经皓首”的摩登青年们，一夜之间，即可谈论“中国哲学”，这是胡适的本事，也自然是他的魅力所在。从1920年代开始，胡适的一举一动都是媒体报道的热门话题。唐德刚甚至说，在当时“看胡适”是宗“娱乐项目”，“与‘看梅兰芳’实在是大同小异的”。章士钊也曾抱怨说：“胡适简直成了无冕皇帝，青年们除了他的话，谁的话也听不进去了。”但也就在这个如日中天的时刻，胡适突然又宣布“哲学之终结”，这究竟又是怎么一回事呢？

1929：胡适在上海宣告“哲学之终结”

原来，1929年6月3日，胡适应邀在上海大同大学演讲，演讲的题目为“哲学的未来”。在这篇看题目，似乎是要为中国哲学乃至哲学本身拓展新路径的演讲中，我们却惊异地发现，这不是来为哲学唱赞歌、画蓝图的，却是来为其敲丧钟、宣告终结的。可惜的是，这篇演讲词并没有公开发表的全文，存世的只有一份简略记录要点的胡适手稿。这份手稿后来记载于胡颂平编撰的《胡适之先生年谱长编初稿》第3册中，篇幅虽然极短，但却概要地说明了胡适此时的学术思想，间接阐明了他何以不再续完《中国哲学史大纲》的根本原因。

特别值得一提的是，这份胡适手稿，也让我们看到了1964年海德格尔"哲学的终结和思的任务"一文中某些相似观念。海氏在此文开篇即声称：

> 自1930年代以来，我一再尝试更其原始地去构成《存在与时间》的课题……《存在与时间》这个任务的标题也将改变了。

由此可知，海氏名著《存在与时间》和胡适《中国哲学史大纲》，就几乎在同一个时间段里，在"哲学之终结"的各自思索中，完成着各自的思想转向——胡适自此之后大力阐扬"科学"的方法论，及关乎"中国思想"的各项专题研究；而海氏则以"思"来重构一切，融解与再造观念之言说。当然，不熟悉西方哲学史的读者，不可能将胡适的所谓"中国哲学"与海氏的所谓"存在哲学"相关联，更不可能意识到二者在哲学史意义上的某种契合节点；但对"哲学之终结"的提法还是会颇有兴趣罢。毕竟，这个由胡适等人带进中国的"新玩意"，怎么仅仅才十余年之后，即由始作俑者宣告"终结"？

胡适在演讲中开篇即讲明观点，即“过去的哲学只是幼稚的、错误的或失败了的科学”。为此，他将哲学体系中的科目，按照现代科学的科目加以重新划分与归属。这个科目一览表，可谓一针见血，让人触目惊心。如下：

宇宙论——天文学、物理学、生物学、生物化学。

本体论——物理、化学、生物、物理化学、生物化学。

知识论——物理学、心理学、科学方法。

道德哲学——社会学、人类学、心理学、生物学、遗传学。

政治哲学——经济学、统计学、社会学、史学……

这个科目一览表一经列出，胡适得出结论说：“过去的哲学学派只可在人类知识史与思想史上占一个位置，如此而已。”并为之连发四个反问：

最早的 Democritus（德谟克里特）以及 Epicurus（伊壁鸠鲁）一派的元子论既可在哲学史上占地位，何以近世发明九十元子（素）的化学家，与伟大的 Mendelief（门捷列夫）的元子（素）周期律不能在哲学史上占更高的地位？

> 最早乱谈阴阳的古代哲人即列在哲学史,何以三四十年来发明阴电子(Election)的 Thomson(汤姆森)与发现阳电子(Proton)的 Rutherford(卢瑟福)不能算作更伟大的哲学家?
>
> 最早乱谈性善恶的孟子、荀子即可算作哲学家,何以近世创立遗传学的 George J. Mendel(孟德尔),不能在哲学史上占一个更高的地位?
>
> 最早谈井田均产的东西哲学家都列入哲学史,何以马克思、布鲁东、亨利乔治(Henry George)那样更伟大的社会学说不能在哲学史占更高的地位?

从这四个连发的反问来看,胡适已经认定人类认识世界的方法,在过去仅仅靠哲人的思辨,而如今靠科学实践即可完成,且完成得更彻底、更精确。可见,科学结胎于哲学,科学诞生之日,即是哲学衰老之时;科学发达之日,即是哲学终结之时。胡适的论点清晰明确,毫不掩饰对科学的崇敬、对哲学的弃绝。那么,哲学还有未来吗?哲学的将来,会如何发展?

胡适认为:“过去哲学家在头脑中思考的问题,由于科学的出现与发展,都应当转交给科学去解决。”他将这类问题划分为三类——“凡科学已解决的问题,都应承受科学的解决;凡科学认为暂时不能解决的问题,都成为悬案;凡科学认为成问题的问题，都应抛弃。”为此，他断言：

> 问题可解决的，都解决了。一时不能解决的，还得靠科学实证的帮助与证实。科学不能解决的，哲学也休想解决。即使提出解决，也不过是一些特征的假设，不足于取信现代的人。

这样的论断，很容易让人联想到维特根斯坦的那句名言：“解决问题的最佳办法就是让问题消失。”换言之，哲学问题一旦转化为科学问题，将不再是所谓的“终极问题”——要么是可解决的问题，要么是待解决的问题；或者就干脆是不成问题的“伪问题”。为此，胡适预言哲学的将来是这样一番境地——将来只有一种知识，科学知识；将来只有一种知识思想方法，即科学实证方法；将来只有思想家，而无哲学家；他们的思想，已证实的便成为科学的一部分，未证实的叫做特征的假设(HYPOTHESIS)。

在此之前的中国学术界“科玄论战”，或可为胡适“哲学之终结”思想的催生因素，相关研究颇丰，在此不赘。但对于科学是否将最终取代哲学，在西方现代哲学史上，却由来已久，早已不算什么新鲜话题。对哲学是否已经终结，哲学将走向何方等等议题，在西方学术界的争论与研讨，也已有百余年的历史。客观地讲，虽然胡适在阐论这一问题的主导策略、思考方法上或许与维特根斯坦、海德格尔等西方学者有某种契合,甚至于在时间上还略早于这些西方学者发表类似见解,可以作为哲学史上颇有价值的文献予以研究;但胡适宣告“哲学之终结”的时代背景、学术语境、思想路径都显然不同于西方学者,其根本诉求乃在于“多研究些问题,少谈些主义”,其积极倡导的仍是“科学精神”与“科学方法”。要充分理解胡适的“哲学之终结”,还须从西方现代哲学史的主导框架中剥离出来,纳入中国当时的学术语境与文化环境中加以解析;这看似“降一格”的视角,或许,才能切实解读这一“奇谈怪论”罢。

1929:胡适从此不胡说

1929年8月17日,胡适应苏州青年会之邀,又在苏州暑期讲习会上,为青年学子们再作一场“哲学的将来”演讲。这次演讲的内容,应该也是和上海大同大学演讲相一致的。唯一不同的是,这次演讲,苏州的《大光明报》在1929年8月23日予以报道,报道中透露了演讲细节,以及当时民众对此的评价。有了这样的报道,一则可以跟胡适手稿相比较,充实一些相关内容;二则可以据此了解当时社会各界对“哲学之终结”这一议题的不同反应,这则报道也因之颇具史料价值。为方便研究,照录全文如下:

胡适从此不胡说

听 客

圣人胡适，于十七日应苏州青年会之约，来苏于暑期讲习会作最后次之结束演讲。胡氏为中国哲学界之前进，而其近来对于哲学，忽抱悔心，以为哲学之在今日，已成为过去东西，即将宣告破产。故所语至为沉痛而俏俐，兹特志于左。

是日，讲题为“哲学之将来”。胡氏云，哲学字之头脑中，素无“将来”二字。因哲学家于二千五百年之过去历史中，尚未虑及将来为(何)？哲学之原素，不外是五个问题：(一) 宇宙论(二) 物体论(三) 智识论(四) 道德论(五) 政治哲学。现在科学已臻至发达时代，均得有极充分证据之成绩与结果。是故此一爿哲学小店中，将无货可售矣。哲学之失败，已无可讳言。故将来哲学，即将毁灭。每一学说，必有哲学思想家起而替代，以哲学过去之历史。在人类生活思想历史上，占一小小地位。现科学家均有充分明了证据，以实学家矛盾，哲学界至今日，能不听命于科学家乎？故哲学家现在只能宣告独立，在人类思想史上，占一个小地位矣。

自今日以后，应即将哲学家之牌子探下，惕然警

> 醒。至于将来之态度,只有三种:(一)一切问题已经科学解决者,全部接受。(二)科学家认为暂时不能解决之问题,应作为悬案,因为哲学既无工具,如何能解决科学将所不能解决之问题。(三)科学将认为不成问题之问题,即以不了了之。胡氏作此语时,惨笑不已,更喟然谓:现在是二十世纪矣,科学时代也,哲学已成为古董了。
>
> 或谓胡氏亦善如马二之倒戈,既叛于文学,复再叛于哲学。胡氏亦自谓,经营念余年之小店,至今日不能不宣告召盘,停止营业,清理账目。故今日特在诸君之前,将小店招和牌收下。不再胡说矣。

在这篇题为"胡适从此不胡说"的报道中,署名为"听客"的撰稿者调侃讥嘲之意,溢于言表。但抛开撰稿者的调侃不谈,胡适在演讲中的一举一动、神态情绪,还是为我们刻画得惟妙惟肖的。从文章中提到的胡适自叹"经营念余年之小店,至今日不能不宣告召盘,停止营业,清理账目"云云来看,这一时期的胡适,确实是对"中国哲学"概念乃至《中国哲学史大纲》的续写工作,持明确的放弃态度了。而胡适在苏州的这次演讲及这则报道,无论是胡颂平编撰的《胡适之先生年谱长编初稿》,还是耿云志编撰的《胡适年谱》,以及十年前出版的《胡适全集》中,均未采录或予以相关说明,这对胡适研究者而言，也算是个分量不轻的遗憾罢。须知，在 1929 年，这名为“哲学的将来”的上海、苏州两次演讲，可能正是胡适日后学术方向发生巨大转变的关键结点。1929 年之后，胡适在相当长一段时间里不再热衷于谈论哲学概念，对“中国哲学”概念、《中国哲学史大纲》的续写更绝口不提，这或许正应了那些笑谈“胡适从此不胡说”的嘲讽者们的预言罢。

胡适未能续完《中国哲学史大纲》之根本原因

我们看到，1930 年 8 月，胡适将 1919 年在北大讲授过的《中国哲学史大纲（卷中）》“汉代哲学”部分，重新整理和改订，完成了一部《中国中古思想史长编》的稿本。由于时势人事的种种困境，也或许是因为对这一领域的思索仍未完全令自己满意，这部稿本也未能最终完稿。但可以看到，这部可以看做是《中国哲学史大纲（卷中）》部分内容“扩写本”的手稿中，其学术观念与材料选择上都发生了较大改变。1931—1932 年，胡适在北大正式开讲“中古思想史”，而不再使用之前的“中古哲学史”名称。他为此编写了讲课提要，题名《中国中古思想史的提要》。从此，“中国哲学”与《中国哲学史大纲》的概念与名目，从胡适的思想系统与著作序列中，似乎被彻底清空与弃绝了。1940 年代之后，胡适专注于中古思想史、清代学术史的一些专题研究，有过大量史料长编性质的考订；其后更在禅学史、《水经注》学案等领域形成考据学著述序列，但基本上没有在系统的、全面的、充分的“中国哲学”概念体系上，做通盘考察与研究了。

后世研究者，面对胡适《中国哲学史大纲》的“半部书”疑案时，拥胡者往往只能以“内外交困”、“抽身无暇”来为胡适开脱；而反胡者则往往只用“江郎才尽”、“始乱终弃”就一笔抹煞胡适的学术成就。

或许，我们不妨将胡适的哲学研究成果作“降一格”解，即在当时代的中国国情背景下，去理解胡适学术上的某种“权宜之计”。但即便是这种“权宜之计”，也可以看到胡适的这些学术成果，在握有主流话语权的西方哲学界中的“先进性”；而在某些学术问题上的视野之开阔与眼光之独到，也并不亚于诸如维特根斯坦、海德格尔等西方大哲。即使是在“胡适从此不胡说”的这则报道中，撰稿者将胡适在学术界中的表现，与冯玉祥(即“马二”)在军政界中的表现相提并论，虽极尽嘲讽之意，但换个角度思考，如冯玉祥这样的屡叛屡战，也并不是任何一位只想坐守家业的普通军阀能做到的。

从某种意义上讲，屡叛屡战、屡破屡立这也正是胡适既在文学界倡导新文学，在学术界力行新思想的真实写照。而除却文学界、学术界这些知识精英们群聚争雄的场域之外，胡适倾尽全力，激扬国民的精神风貌；不守前功，但开新风的先锋立场，开始广泛、持续地影响社会各界。胡适之所以没有续完《中国哲学史大纲》，反胡者“江郎才尽”的理由在此看来，未免牵强，而且荒唐。试想，放弃让自己“暴得大名”的“开山之作”的续写与完成，放弃让“开风气之先”的“中国哲学”概念的建构与完成，仅从一个普通人的逻辑而言，这样的放弃也是相当不划算、不明智的罢。无论“才尽”与否，续完这部著作，即可再一次轻松的“名利双收”；这样的放弃，换成反胡者们本人也未必能做到如此决断罢。

而“内外交困”、“抽身无暇”的说法，虽部分的成立，也的确是胡适没有续完《中国哲学史大纲》的原因之一；但胡适的“哲学之终结”观念的形成，以及在这种观念驱使下的学术转向，才是最关键、最根本的原因。笔者以为，不充分掌握西方现代哲学史的发展脉络，没有东西方哲学思想比较研究的基本观念，或者还根本没有接触到1929年这两场演讲内容的研究者，对胡适之所以未能续完《中国哲学史大纲》的原因，就不可能有真正切实的、充分的、深入的解答。无论是“内外交困”，抑或“江郎才尽”之说，都是在各自立场上的固执己见罢了。

（《大光明报》资料由苏州黄恽先生提供，特此致谢）

胡适，1929年存照。

胡適從此不胡說

（客　聰）

巽人胡適。於十七日應蘇州青年會之約。來蘇於暑期講習會。作最後次之結束演講。胡氏爲中國哲學界之前進。而其近來對於哲學。忽抱悔心。以爲哲學之在今日。已成爲過去東西。卽將宣告破產。故所踏至爲沉痛而俏俐。茲特誌於左。

是日。講題爲「哲學之將來」胡氏云。哲學家之頭腦中。素無將來二字。因哲學家。於二千五百年之過去歷史中。未嘗慮及將來爲。哲學之原素。不外是五個問題。(一)宇宙論。(二)物體論(三)智識論。(四)道德論。(五)政治哲學。現在科學已臻至發達時代。各種學識。均有科學家。以科學的方法及工具。作精與之探討。均得有極充分證據之成績與結果。哲學家所恃而高談之問題。均已爲科學家取得。是故此一片哲學小店中。將無貨可售矣。哲學之失敗。已無可諱言。故將來哲學。卽將毀滅。毎一學說。必有哲子思想家起而替代以哲學過去之歷史。在人類生活思想歷史上。佔一小小地位。現科學家均有充分明瞭證據。以實學家矛盾。哲學界至今日。能不聽命於科學家乎。故哲學家現在祗能宣告獨立。在人類思想史上。佔一個小地位矣。

自今日以後。應卽將哲學家之牌子採下。惕然覺誤。至於將來之態度。祗有三種。(一)一切問題已經科學家解決者。全部接受。(二)科學家認爲暫時不能解決之問題。應作爲懸案。因爲哲學既無工具。如何能解決科學將所不能解決之問題。(三)科學將認爲不成問題之問題。卽以不了了之。胡氏作此語時。慘笑不已。更明然謂現在是二十世矣。科學時代也。哲學已成爲古董了。

或謂胡氏亦善如馬二之倒戈。既叛於文學。復再叛於哲學。胡氏亦自謂經營念餘年之小店。至今日不能不宣告召盤。停止營業。清理賬目。故今日特在諸君之前。將小店招牌收下。不再胡說矣。

“胡适从此不胡说”，苏州《大光明报》1929 年 8 月 23 日刊載。

胡适与“中国戏剧改良”

除夕隐喻：这本戏和那本戏

1918年3月15日，《新青年》第四卷第三号上，同时发表了4首以“除夕”为题的诗。这是当年该刊编辑部出题，请圈内同仁们按题交稿的，颇有些类似于诗钟答题、修禊分韵的传统文人作派。沈尹默、陈独秀、刘半农之外，留美7年的洋博士胡适也有一首列于其中，白话风味浓厚。

除夕过了六七日，忽然有人来讨除夕诗！
除夕“一去不复返”，如今回想未免已太迟！
那天孟和请我吃年饭，记不清楚几只碗；
但记海参银鱼下饺子，听说这是北方的习惯！
饭后浓茶水果助谈天，天津梨子真新鲜！
吾乡“雪梨”岂不好，比起他来不值钱！
若问谈的什么事，这个更不容易记。
像是易卜生和白里欧，这本戏和那本戏。

吃完梨子喝完茶，夜深风冷独回家，
回家写了一封除夕信，预备明天寄与“他”！

诗中所说的“孟和”是指陶孟和(1887—1960)，在中国开创社会学学科第一人，当时也是北京大学教授，《新青年》的撰稿人之一。诗句纯是白话，一清二白的流水账，似乎并无太多深意。当然也有研究者认为，在除夕的传统佳节里，在当时代的语言环境中，用这样的白话文表达了毫无诗意可言的叙事结构，说明了胡适对传统诗学的摒弃，或是表达了生活本身对诗学的调侃等等。这样的引申无可厚非，看过《新青年》第二卷第五期的读者，尽可以去想象胡适的新文学旗手面孔种种，当年的旧期刊白纸黑字就印着洋博士的铮铮豪言。

在这首白话诗发表之前一年，白话文的重要性及其在文学改良中的核心地位，胡适就已经有过淋漓尽致的表达。1917年1月，陈独秀把胡适的《文学改良刍议》刊载在《新青年》第二卷第五期上，还有半年才归国的洋博士在大洋彼岸提出了“文学改良”的八点建议，他写道：

吾以为今日而言文学改良，须从八事入手。八事者何？一曰，须言之有物。二曰，不摹仿古人。三曰，须讲求文法。四曰，不作无病之呻吟。五曰，务去滥调套语。六曰，不用典。七曰，不讲对仗。八曰，不避俗字俗语。

随后不久，陈独秀在2月1日第2卷第6号上发表了《文学革命论》一文，将胡适的“八种改良”引申为“文学革命”的三大主义，强烈反对“文以载道”和“代圣贤立言”的旧式文学。在文中，他大声疾呼：

推倒雕琢的阿谀的贵族文学，建设平易的抒情的国民文学；推倒陈腐的铺张的古典文学，建设新鲜的立诚的写实文学；推倒迂晦的艰涩的山林文学，建设明了的通俗的社会文学。

就新文化运动而言，无论改良还是革命，胡适与陈独秀，都无可争议地成为新文化运动的双子星，光芒四射得有点扎人眼球。但胡适的《除夕》这首诗却没有这光芒一束，几乎完全是一场年夜饭的流水账，这是足以让候在门口等签名的摩登青年们始料未及的。诗中的字句无论怎么深挖细察，也不过是归国的洋博士看到天津的雪梨价昂于市，在京城人家中充作时鲜佳品，由此想到家乡安徽的雪梨还在闭塞的乡村里贱卖，多少有些感慨时事，莫明的怀乡。洋博士与陶孟和谈了些什么时事、文学之类，统统是记不清楚了，只有那一句“像是易卜生和白里欧，这本戏和那本戏”总算关涉一点当时代的文学话题，看来西方戏剧的译介确实开始风行于世了。除此之外，改良或是革命，统统是看不到的罢。

这本戏：易卜生专号

胡适诗中谈到的“易卜生”，何时来到中国？《除夕》这首诗发表一年之后，1918 年 6 月出版的《新青年》(第四卷第六号)“易卜生专号”算是一个标准答案。

专号上的那篇《易卜生主义》是国内第一篇系统介绍易卜生思想及剧作的长篇论文，作者正是时年 27 岁的胡适。虽然在此之前，尚有很多涉及到译介易卜生的文章与作品，但能上升到“易卜生主义”层面，大规模集成推介易卜生及其戏剧观念，恐怕都未能实现。

譬如清末民初，著名翻译家林纾就试译过易卜生的《群鬼》，收在商务印书馆那套几百册的“说部丛书”里，淹没得一点水花也没泛起。1907 年鲁迅先后撰写了《文化偏至论》和《摩罗诗力说》，文中都提到易卜生的名号，并且有很高的评价。但“论”也好、“说”也好，总不如“主义”响亮；加之主要还是在鲁迅骂人之余顺带提及的一个洋名，能记住的或真正感兴趣的人，恐怕也并不多。

1914 年，《俳优杂志》创刊号上发表了陆镜若的专论《易卜生之剧》，文中盛赞易卜生为“莎翁之劲敌”、“剧界革命之健将”，并介绍了易卜生的《玩偶之家》、《人民公敌》、《群鬼》

等11部戏剧。但这本杂志太专业,受众圈子太小,非研究现代戏剧者没几个能读到。同年,春柳社第一次在上海演出易卜生的戏剧《玩偶之家》,但是演出并不成功。毕竟中国人演外国事儿,无论体格还是语言,都不像那么回事儿,观众反应冷淡。

偏偏到了胡适这里,“易卜生专号”一出来,易卜生即被冠之以“主义”之名,响亮登场;似乎有点取巧,但确实奏效。在“主义”中的,当然不只是胡适的一篇论文,还有大量的易卜生剧本译文、摘录、生平简介等等。罗家伦、胡适合译的《娜拉》剧本,《国民之敌》、《小爱友夫》的剧本节译,以及袁振英的《易卜生传》等。以这种集成方式译介一位北欧剧本作家,让爱看现代剧的摩登青年们找到了新剧本,让喜欢接受新思潮的时代先锋们又找到了一门“新主义”;其渗透力无孔不入,其影响力空前巨大。

其实,胡适并非心血来潮,突发奇想要请一个洋和尚来念中国经。译介易卜生剧本及发表针对性评论,于他而言,酝酿已久。在1914年赴美国留学期间,他就已经注意到了这位北欧作家了。1915年,他给《甲寅》杂志社的信中写道:

近五十年来,欧洲文字最有势力者,厥唯戏剧,而诗与小说皆退居第二流。名家如挪威之易卜生、德之霍普特曼、法之白里欧、瑞士之斯特林堡,英之肖伯纳及高尔斯华绥、比之梅特林克,皆以剧著声全世界。今吾国剧界,正当过渡时期,需世界名著为范本,颇思译易卜生之《玩偶之家》或《国民公敌》,惟何时脱稿,尚未可料。

可见胡适译介易卜生的最初动因,只是想为推动中国现代话剧提供西方经验。但从信中罗列的一大串洋名儿来看,挪威之易卜生、德之霍普特曼、法之白里欧、瑞士之斯特林堡,英之肖伯纳及高尔斯华绥、比之梅特林克等等并列而出,却为何偏偏第一选择会是易卜生呢?

十年后,鲁迅想明白了这个选择的合理性。他在自己编辑的《奔流》“易卜生百年诞辰纪念专刊”的编后语中写道:

如青木教授在后文所说,因为要建设西洋式的新剧,要高扬戏剧到真的文学底地位,要以白话来兴散文剧,还有,因为事已亟矣,便只好先以实例来刺戟天下读书人的直感:这自然都确当的。但我想,也还因为 Ibsen 敢于攻击社会,敢于独战多数,那时的绍介者,恐怕是颇有以孤军而被包围于旧垒中之感的罢,现在细看墓碣,还可以觉到悲凉,然而意气是壮盛的。

这本戏：易卜生主义

易卜生一旦变作了“易卜生主义”，就决非几个剧本，几次演出那么简单了。

对于易卜生主义，中国人究竟打的什么主意？胡适答曰：“易卜生的文学，易卜生的人生观，只是一个写实主义。”什么又是写实主义呢？胡适认为：

> 人生的大病根在于不肯睁开眼睛来看世间的真实现状。明明是男盗女娼的社会，我们偏说是圣贤礼仪之邦；明明是赃官污吏的政治，我们偏要歌功颂德；明明是不可救药的大病，我们偏说是一点病也没有！却不知道：若要病好，须先认有病；若要政治好，须先认现今的政治实在不好；若要改良社会，须先知道现今的社会实在是男盗女娼的社会！易卜生的长处，只在他肯说老实话，只在他能把社会种种腐败龌龊的实在情形写出来叫大家仔细看。

关于写实主义，和现实主义还有区别。胡适认为，既然把现实生活的种种丑恶描写入戏剧，戏剧本身就具备了对这种现实生活的思考与批判。易卜生戏剧的批判锋芒正因其写实，而一针见血、针针见血，锋芒所指无所不及，包括社会生活中家庭的“四种大恶德”：一曰自私自利；二曰依赖性、奴隶性；三曰假道德，装腔作势；四曰怯懦没有胆子。还包括社会上的三种大势力：一是法律，二是宗教，三是道德。

胡适列举了《娜拉》、《群鬼》、《社会的栋梁》、《罗马斯庄》等剧作，说明了易卜生对于所谓“家庭道德”的实质揭露，对于社会势力的虚伪与腐败的深刻批判；列举《雁》，来说明社会对于人的个性与自由的摧残；又列举《社会栋梁》、《博克曼》与《国民公敌》说明舆论的盲目；又列举《国民公敌》说明少数人的价值；还列举《海上夫人》说明自由的可贵，以及个人选择的自由和个人责任之间的真实关系等等。

除了“写实主义”，易卜生主义的另一个重要内容就是“个人主义”。胡适通过易卜生的剧本，表达了他对个人与群体的鲜明观点。他在文中这样写道：

> 社会与个人互相损害，社会最爱专制，往往用强力催折个人的个性，压制个人自由独立的精神；等到个人的个性都消失了，等到自由独立的精神都完了，社会自身也没有生气了，也不会进步了。社会对个人道：你们顺我者生，逆我者死，顺我者赏，逆我者罚。于是那些和社会反对的少年一个个受到家庭的责备，遭朋友的怨恨，受社会的侮辱驱逐。

如果说社会与个人的关系实质还属于宏观层面的论题，具体到个人与父母这种最切身的社会关系时，胡适用“道德”与“不道德”，来捅破这层看似无坚不摧的窗户纸。他写道：

> 正如我们中国的老辈人看见少男少女实行自由结婚，便说是“不道德”，为什么呢？因为这事不合于“父母之命，媒妁之言”的旧习惯。也算是胡适切身体会的沉痛之言了。

胡适直接指出，在个人与社会之间有一种最通行的迷信，叫做“服从大多数的迷信”，人们都以为大多数的公论总是不错的，但是易卜生是绝不承认这种迷信的。他列举《国民公敌》，以剧中斯铎曼医生为例，极力推崇医生的那句“世界上最强有力的人，就是那最孤立的人”（事实上，后来鲁迅对这句话也颇为欣赏）。这个剧本中易卜生所宣扬的个人主义，以及他所批判的庸众之目光短浅，对权威的盲目崇拜迷信等，都得到了胡适毫无保留的高度赞扬。

这篇火药味极浓的主义宣言，几乎可以使胡适与陈独秀、鲁迅同列为“三个火枪手”。可十年后，鲁迅一枪打掉了胡适手中的枪，他感叹说，剧场“不久也就沉寂，戏剧还是那样旧，旧垒还是那样坚”，“再后几年，则恰如 Ibsen 名成身退，向大众伸出和睦的手来一样，先前欣赏 Ibsen 之流的、做了剧本《终身大事》的英年，也多拜倒于《天女散花》、《黛玉葬花》的台下了”。

这又是怎么一回事儿？

胡适剧作：终身大事

易卜生主义诞生后不到半年时间，有一天，几个从美国留学归来的同学找到胡适，说是北京的美国大学同学会不久要开一个宴会。中国的会员们想在那天晚上演一出短戏，由于事出匆忙，加之对胡适才学的充分信任，就提出要求，让他在一天之内完成一部英文剧本。

胡适当天完成了一部名为《终身大事》的剧本，他认为这是一种类似于西方称之为“Farce”的戏，纯属凑个热闹、搞点欢笑，并没有特别在意。这场独幕剧，在当天却找不到合适的女演员，只得作罢。可剧本却因友人的推荐，深得《北京导报》主笔刁德仁的喜爱，又让胡适把英文剧本转译作了中文剧本，说是要拿到女子学堂里去排演。

这个剧本剧情极其简单，讲述的是当时代中国家庭都可能发生的事件。女主角田亚梅因为母亲迷信，认为其生辰八字与未婚夫陈先生不合，遂开始反对二人的婚事。她求助于父亲的支持，谁曾想他父亲也以“田、陈在上古时代为同一姓氏”的理由，同样拒绝了这桩婚姻。田亚梅最终以跟随陈先生离家而去的方式，捍卫了自己的婚姻自由。

胡适的中文剧本一经传播，确还有许多学生跃跃欲试，希望排演此剧。可惜，每每到了挑选女主角时，竟然没有女学生愿意扮演这样的角色。1919 年 3 月，这个无论英文版，还是中文版都无女主角可演的剧本，发表于《新青年》第六卷第三号上。胡适在发表时，特意加写了一个跋，文曰：

> 这出戏本是因为几个女学生要排演，我才把它译成中文的。后来因为这戏里的田女士跟人跑了，这几位女学生竟没有人敢扮演田女士，况且女学堂似乎不便演这种不道德的戏！所以这稿子又回来了。我想这一层很是我这出戏的大缺点。我们常说要提倡写实主义。如今我这出戏竟没有人敢演，可见得一定不是写实的了。这种不合写实主义的戏，本来没有什么价值，只好送给我的朋友高一涵去填《新青年》的空白罢。（适）

《新青年》上刊登出来的剧本，终于有人敢于来赶这个时髦了，至少北大的学生敢吃这个螃蟹。1919 年 6 月 19 日晚，鲁迅和周作人同去北大，看到了《终身大事》的第一场排演。1924 年，洪深把它搬上舞台以后，接着又有不少艺术团体纷纷上演这个剧本，《终身大事》几乎成为易卜生《玩偶之家》的中国版本，开始流行起来。

虽然有特别关注于私生活史的研究者认为，胡适创作《终身大事》不仅是模仿易卜生《玩偶之家》叙事结构的近代话剧代表作之一，最重要的是还有其自身生活境遇促成的创作动因。1917 年 12 月，胡适刚归国赴北大任教不到半年时间，即回安徽绩溪老家履行婚约，与江冬秀结婚。研究者们普遍认为，胡适对自己的包办婚姻不可能完全满意，对自由婚姻的向往和渴求也不可能完全归零，这种情绪之下，在留洋七年之后即按照婚约完婚的青年胡适，《终身大事》的叙事背景可想而知。

后来胡适也曾经说过：

> 我们这一代是过渡时代，既要为我们的父母，也要为我们的孩子去作牺牲。除非不顾身败名裂或丧失一切社会影响，我们就不得不按父母的愿望来娶亲：由他们替我们选定姑娘，在完婚前可能连见一面的机会都没有。但是，我们还必须创造一个我们的孩子，能够更加幸福和更加健康地生活于其中的社会。就让这点作为我们的报酬和安慰吧！

胡适的这番感慨，可以看做是对自己“终身大事”的种种遗憾之间接表达，虽然表面上也算是一番很得体的圆场话。

仍然忠实于易卜生主义的《终身大事》，这个剧本无论其情节结构多么缺乏创意,无论其剧中人物是否具有革命寓意,总还不至于招来鲁迅特别的反感。1923 年 12 月,鲁迅在北平女子师范大学作演讲时,却提出了一个让人惊醒的疑问:"娜拉出走之后怎么办?"得出的答案是,由于缺乏独立的经济地位,娜拉出走以后,"或者也实在只有两条路:不是堕落,就是回来"。

《玩偶之家》中的娜拉,《终身大事》中的田亚梅;易卜生和胡适,在鲁迅看来,由于缺乏彻底的"刺刀+步枪"式的革命精神,"不是堕落,就是回来"是必然的。剧本写得好不好,不是鲁迅的关注点;革命彻不彻底,"主义"是变成学问还是行动,才是他眼中的焦点。

由于他看到或者预见到了,当年要么改良、要么革命的青年,终归也"拜倒于《天女散花》、《黛玉葬花》的台下了",这让他尤为失望,失望之余自然仍是免不了要发牢骚,要骂几句的。

那本戏:男子的乳房

胡适的易卜生主义,是否真如鲁迅所言,在对待传统戏剧的态度上,终于逃脱不了"娜拉"的宿命,"不是堕落,就是回来"?

《新青年》"易卜生专号"之后,当年的第 5 卷第 4 号紧接着推出了一期"戏剧改良号",主义之后是改良,理论之后是行动，这个响应速度应该是不慢的。这一期杂志上，胡适抛出了《文学进化观念与戏剧改良》。

他开门见山，开篇一段话，阐明了态度与思路。他写道：

去年我曾说过要做一篇《戏剧改良私议》，不料这一年匆匆过了，我这篇文章还不曾出世。于今《新青年》在这一期正式提出这个戏剧改良的问题，我以为我这一次恐怕赖不过去了。幸而有傅斯年君做了一篇一万多字的《戏剧改良各面观》，把我想要说的话都说了，而且说得非常明白痛快。于是我这篇《戏剧改良私议》竟可以公然不做了。本期里还有两篇附录：一是欧阳予倩君的《予之戏剧改良观》，一是张缪子君的《我的中国旧戏观》，此外还有傅君随后做的《再论戏剧改良》，评论张君替旧戏辩护的文章。后面又有宋春舫先生的《近世名戏百种目》，选出一百种西洋名戏，预备我们译作中国新戏的模范本。这一期有了这许多关于戏剧的文章，真成了一本“戏剧改良号”了！我看了这许多文章，颇有一点心痒手痒，也想加入这种有趣味的讨论，所以我划出戏剧改良问题的一部分做我的题目，就叫做《文学进化观念与戏剧改良》。

可以看到，承接“文学改良”之后的“戏剧改良”，无非仍然是

“文学改良”的应有之义。因为文学在进化,作为文学门类之一的戏剧也随之进化;所谓“进化”,用进废退,有的部分在进步,有的部分则退步或干脆废止掉了。无论如何,正在经历着“进化”,正在经历着实质性变化的中国戏剧,确实已到了非改良不可的时代了。戏剧不改良,中国文学史的书写就无法再有新意;换句话说,戏剧不改良,戏剧不进化,怎么能推进文学改良,又怎么能促成或者至少是顺应“文学进化”呢?

胡适回国后看到的一部《中国文学史》教材,让他愤怒到了极点,原因就是在这部教材里,看不到丝毫改良的迹象,更不用说感受到“文学进化”的过程了。他专门提出了其中的一段话,为之大为光火。他写道:

> 我去年初回国时看见一部张之纯的《中国文学史》,内中有一段说道:是故昆曲之盛衰,实兴亡之所系。道咸以降,此调渐微。中兴之颂未终,海内之人心已去。识者以秦声之极盛,为妖孽之先征。其言虽激,未始无因。欲观升平,当复昆曲。《乐记》一言,自胜于政书万卷也。(下卷一一八页)
>
> 这种议论,居然出现于“文学史”里面,居然作师范学校“新教科书”用,我那时初从外国回来见了这种现状,真是莫名其妙。这种议论的病根全在没有历史

观念，故把一代的兴亡与昆曲的盛衰看作有因果的关系，故说“欲观升平，当复昆曲”。若是复昆曲遂可以致升平，只消一道总统命令，几处警察厅的威力，就可使国中戏园家家唱昆曲，——难道中国立刻便“升平”了吗？我举这一个例来表示现在谈文学的人大多没有历史进化的观念。因为没有历史进化的观念，故虽是“今人”，却要做“古人”的死文字？虽是二十世纪的人，偏要说秦汉唐宋的话。即以戏剧一个问题而论，那班崇拜现行的西皮二黄戏，认为“中国文学美术的结晶”的人，固是不值一驳？就有些人明知现有的皮黄戏实在不好，终不肯主张根本改革，偏要主张恢复昆曲。现在北京一班不识字的昆曲大家天天鹦鹉也似的唱昆腔戏，一班无聊的名士帮着吹打，以为这就是改良戏剧了。这些人都只是不明文学废兴的道理，不知道昆曲的衰亡自有衰亡的原因？不知道昆曲不能自保于道咸之时，决不能中兴于既亡之后。所以我说现在主张恢复昆曲的人与崇拜皮黄的人，同是缺乏文学进化的观念。

估计是胡适没有记住那些主张恢复昆曲的人与崇拜皮黄的人之尊姓大名，否则看他当时的火气之大，一定会指名道姓地点名批评。当时，就在胡适眼皮底下主张恢复昆曲的人，无非就是被蔡元培聘至北大，做了曲学教授的吴梅（1884—1939）。那会儿，吴教授正拈着笛子，拎着二胡给北大学生们讲曲学，谈论着昆曲腔调与韵律的种种优美之处与严格之规定。至于崇拜皮黄的人，无非就是当时围在梅老板身边的一大帮票友知音，其中就有为其教授古文、代为润稿的前清遗老樊樊山（1846—1931）；更有热心编剧、广为推介的民国健将齐如山（1877—1962）。胡适认为，这些人都是缺乏文学进化观念的冥顽不化者，他们搞的学问与其说是发扬国粹，不如说是热衷倒退，完全不可理喻。

批评完这么一大帮“缺乏文学进化观念”的人物与事件之后，胡适开始从宏观层面展开论述。从元杂剧、明清传奇一类的“雅戏”到地方戏、京剧一类“俗戏”的进化史，胡适在之后的数百字叙述中一气呵成，毫不拖泥带水地表达了自己的曲学观念。即：

> 俗戏在中国戏剧史上，实在有一种革新的趋向，有一种过渡的地位，这是不可埋没的。研究文学历史的人，须认清这种改革的趋向在现行的俗剧中不但并不曾完全达到目的，反被种种旧戏的恶习惯所束缚，到如今弄成一种既不通俗又无意义的恶劣戏剧——以上所说中国戏剧进化小史的教训是：中国戏剧一千年来力求脱离乐曲一方面的种种束缚，但因守旧性太

> 大，未能完全达到自由与自然的地位。中国戏剧的将来，全靠有人能知道文学进化的趋势，能用人力鼓吹，帮助中国戏剧早日脱离一切阻碍进化的恶习惯，使他渐渐自然，渐渐达到完全发达的地位。

肯定俗，否定雅；肯定俗是雅的进化，否定雅能一直“雅”下去，胡适的“戏剧进化论”着实让讲格律声腔的曲学家与讲唱念做打的京剧迷们大吃一惊，眼镜跌了一地。后来提到的“遗形物”，更以男子的乳房作喻，那就不是跌破眼镜的效果了，简直是踩碎眼镜，还要把眼珠子都抠破的“妖言惑众”了。“妖言”的原话是：

> 一种文学的进化，每经过一个时代，往往带着前一个时代留下的许多无用的纪念品，这种纪念品在早先的幼稚时代本来是很有用的，后来渐渐的可以用不着他们了，但是因为人类守旧的惰性，故仍旧保存这些过去时代的纪念品。在社会学上，这种纪念品叫做“遗形物”（survivals or Rudiments）。如男子的乳房，形式虽存，作用已失，本可废去，总没废去，故叫做“遗形物”。所以在中国戏剧进化史上，乐曲一部分本可以渐渐废去，但他依旧存留，遂成一种“遗形物”。此外如脸谱，嗓子，台步，武把子……等等，都是这一类

的“遗形物”，早就可以不用了，但相沿下来至今不改。

胡适认为，西洋戏剧是完全淘汰掉“遗形物”的戏剧，是纯粹的戏剧；这种只有对话，没有唱念做打功夫的戏剧才是进化完全的戏剧。西洋戏剧的进化，在胡适眼中已经基本完成，虽然“西洋的戏剧在古代也曾经过许多幼稚的阶级，如‘和歌’(Chorus)面具，‘过门’，背躬(aside)，武场……等等。但这种‘遗形物’，在西洋久已成了历史上的古迹，渐渐的都淘汰完了”。只有“这些东西淘汰干净了，方才有纯粹戏剧出世”。

中国戏剧要想进化得快一点、进化得效果好一点，言下之意就只能是向西方戏剧学习，淘汰掉那些类似于“男子的乳房”，长出纯粹的“女子的乳房”来，既符合生理学要求，更符合现代审美需求。实际上，一言以蔽之，就是把中国古典戏剧改良为现代话剧。怎么改？胡适随后也给出了技术性建议，有两点，一是增强悲剧性，二是强调经济性。他说：

中国文学最缺乏的是悲剧的观念，无论是小说，是戏剧，总是一个美满的团圆。现今戏园里唱完戏时总有一男一女出来一拜，叫做“团圆”，这便是中国人的“团圆迷信”的绝妙代表。这种“团圆”的小说戏剧，根本说来，只是脑筋单简，思力薄弱的文学，不耐人寻思,不能引人反省。西洋的文学自从希腊的 Aeschylus, Sophocles, Euripides 时代即有极深密的悲剧观念。悲剧的观念,第一,即是承认人类最浓挚最深沉的感情,不在眉开眼笑之时,乃在悲哀不得意无可奈何的时节;第二,即是承认人类亲见别人遭遇悲惨可怜的境地时,都能发生一种至诚的同情,都能暂时把个人小我的悲欢哀乐一齐消纳在这种至诚高尚的同情之中;第三,即是承认世上的人事无时无地没有极悲极惨的伤心境地,不是天地不仁,“造化弄人”便是社会不良使个人销磨志气,堕落人格,陷入罪恶不能自脱有这种悲剧的观念,故能发生各种思力深沉,意味深长,感人最烈,发人猛省的文学。这种观念乃是医治我们中国那种说谎作伪思想的浅薄的文学的绝妙圣药。

悲剧性的注入之重要,胡适语重心长地讲完之后,紧接着谈起戏剧剧本的剪裁问题,即“经济性”问题。他认为为顺应现代人看戏的种种要求,在编戏时须注意下列各项经济的方法:

(1) 时间的经济:须要能于最简短的时间之内把一篇事实完全演出。

(2) 人力的经济：须要使做戏的人不致精疲力竭，须要使看戏的人不致头昏眼花。

(3) 设备的经济：须要使戏中的陈设布景不致超出戏园中设备的能力。

(4) 事实的经济：须要使戏中的事实样样都可在戏台上演出来，须要把一切演不出的情节一概用间接法或补叙法演出来。

胡适认为，我们中国的戏剧最不讲究这些经济方法。如《长生殿》全本至少须有四五十点钟方可演完，《桃花扇》全本须用七八十点钟方可演完。他抬出西洋戏剧的“三一律”来为中国戏剧拿捏分寸、把脉开方，他指出，三“一”即是(1) 一个地方，(2) 一个时间，(3) 一桩事实。他列举了一个符合“三一律”的中国剧本，竟然是《三娘教子》。他说：

《三娘教子》这出戏自始至终，只在一个机房里面，只须布一幕的景，这便是“一个地方”；这出戏的时间只在放学回来的一段时间，这便是“一个时间”；这出戏的情节只限于机房教子一段事实，这便是“一椿事实”。这出戏只挑出这一小段时间，这一个小地方，演出这一小段故事，但是看戏的人因此便知道这一家的历史，这便是戏剧的经济。

虽然中国的俗戏是大大的得了“三一律”的真传，胡适还是承认，《三娘教子》的情节很简单，故虽偶合“三一律”，还不算难。在纵观中国戏剧进化史之后，他认为：

> 元人的杂剧，限于四折，故不能不讲经济的方法，虽不能上比希腊的名剧，下比近世的新剧，也就可以比得上十六七世纪英国法国戏剧的经济了。而元杂剧之后的中国戏剧，越来越不“经济”；从进化史意义上讲，非但没有进化反而是退化了。

胡适列举明清传奇到当时盛行的折子戏，来进行进化史意义上的批判，他说，

> 南曲以后，编戏的人专注意词章音节一方面，把体裁的经济方法完全抛掉，遂有每本三四十出的笨戏，弄到后来，不能不割裂全本，变成无数没头没脑的小戏！现在大多数编戏的人，依旧是用“从头至尾”的笨法，不知什么叫做“剪裁”，不知什么叫做“戏剧的经济”。补救这种笨伯的戏剧方法，别无他道，只有研究世界的戏剧文学，或者可以渐渐的养成一种文学经济的观念。

在悲剧性与经济性的两剂猛药之后，胡适的《终身大事》似乎就可以说是药到病除的中国戏剧之新典范了。但鲁迅认为，胡适终归也“拜倒于《天女散花》，《黛玉葬花》的台下了”，难道男子的乳房终于还是没有被割掉，而是发育起来，成了“遗形物”自身的某种进化吗？

那本戏：鲁迅的玻璃罩

很难想象，写出过《文学进化观念与戏剧改良》的胡适，会倾倒于中国古典戏剧的舞台下，尤其是梅兰芳的石榴裙下。对鲁迅而言，岂止是很难想象，简直无法接受，出离愤怒。鲁迅与胡适，这两个原本对中国古典戏剧都是火药上膛、随时点射的狙击手，因梅兰芳是否在瞄准范围之内，而彻底闹翻。

鲁迅和胡适都崇尚文学的写实主义，都认为中国戏曲要睁开眼睛看，不戴任何粉饰色彩、专业迷信的有色眼镜，要把眼镜摘下来，老老实实把现实再现出来，这样的戏曲才有生命力与感染力。鲁迅认为，由于中国戏与现实人生存在很深的隔膜，特别是中国戏在封建社会长时期的形成和发展过程中，受统治阶级的直接控制和封建思想的毒害，中国“旧戏”被罩上了“玻璃罩”，与现实人生分离；胡适认为中国“旧戏”远离现实与生活，说谎作伪，思想浅薄，需要用“悲剧性”与“经济性”来改良。

写实主义的共同崇尚，中国戏剧的弊端种种之共识，于情于理而言，鲁迅与胡适的不同，最多只在于“革命”与“改良”的程度深浅之分，最多只在于机关枪与步枪的火力区别上，最终都是要把“旧戏”进化为话剧的。然而，人与人之间的交情深浅，尤其是文人之间的默契与否，区别往往就在于是所谓的“立场”是否完全一致，火力方向是否完全一致，仅仅一致还不行，必得“完全一致”，才能“天下大同”。然而，胡适显然不是那种抡着机枪就上的猛男；在鲁迅看来，这就不是真的“猛士”，而只能是“要么堕落、要么回来”的娜拉之流了。

鲁迅与梅兰芳，北京的同城生活有 14 年之久。在上海也有 4 年左右，这共计 18 年左右的南北同城生活时间里，二人有记载的交往却只有 1933 年在上海一起接待英国大戏剧家萧伯纳的一次。但鲁迅在文章中多次提及梅兰芳，是不亚于当年同“第三种人”论战时的力度与频度的。

在《略论梅兰芳及其他》中，鲁迅批评梅兰芳是一位由俗变雅的典型，这一典型变化过程，可以视为鲁迅的中国戏剧“退化史”考察。鲁迅提出，一开始，梅兰芳“不是皇家的供奉”，而“是俗人的宠儿”；他当时“所做的戏，自然是俗的，甚至于猥下、肮脏，但是泼刺，有生气”。他的艺术是属于民间的，属于人民大众的。但是，后来他遭到了士大夫的“篡改”：

> 他们将他从俗众中提出，罩上玻璃罩，做起紫檀架子来。教他用多数人听不懂的话，缓缓的“天女散花”，扭扭的“黛玉葬花”，先前是他做戏的，这时却成了戏为他而做，凡有新编的剧本，都只为了梅兰芳，而且是士大夫心目中的梅兰芳。雅是雅了，但多数人看不懂，不要看，还觉得自己不配看了。

鲁迅批评梅兰芳主要有三点：一是“男人扮女人”，二是被士大夫“篡改”，“将他从俗众中提出，罩上玻璃罩”，三是“为艺术而艺术”，是一个“第三种人”。

除了“玻璃罩”和“第三种人”之外，可以看到鲁迅对中国古典戏剧中的“男人扮女人”尤其反感，位列榜首。这种将“男子的乳房”当真作了“女子的乳房”之举，几百年来非但不曾改变，反倒成了“国粹”，需要保护与发扬。这种“遗形物”非但没有退化直至退出历史舞台，反而成了国内外争相意淫的“雅”物，这在鲁迅看来是尤其不可思议的，这简直就是中国戏剧的“退化”，哪来的“改良”与“进化”？

此外，鲁迅对梅兰芳所谓“中国戏是象征主义”的说法也极为反感，他在几篇文章中都进行了冷嘲热讽，《谁在没落》中有专门的论述。在《拿来主义》一文中更予以强烈地讽刺：

> 听说不远还要送梅兰芳博士到苏联去，以促进象

征主义,此后便到欧洲传道。我在这里不想讨论梅博士演艺和象征主义的关系。总之,活人替代了古董,我敢说,也可以算是显出一点进步了。

这本戏:胡适盛赞梅兰芳

而胡适对待梅兰芳,并没有把他看做是中国旧戏的化身,况且梅兰芳改良京剧的举措与成果举世皆知,胡适本人也深表赞赏。胡适没有把梅兰芳作为戏剧进化史的标本来研究,他们之间的关系即使不算亲密,也至少可算作友朋之列。他自然更不可能把文化批判的子弹,瞄准这样一位友人。《胡适日记》中明确提到“梅兰芳”的有四处:

1928年12月16日,梅兰芳来谈,三年不见他,稍见老了。1930年7月25日,梅兰芳先生来谈在美洲的情形,并谈到欧洲去的计划。我劝他请张彭春先生顺路往欧洲走一趟,作一个通盘计划,然后决定。1930年8月24日,见着吴经熊,他新从哈佛回来,说,美国只知道中国有三个人,蒋介石,宋子文,胡适之是也。我笑道,“还有一个,梅兰芳”。1930年10月13日,下午见客,顾养吾、陈百年、梅兰芳、冯芝生、王家松。

除此之外，还有一篇用英文写成的《梅兰芳和中国戏剧》。这篇文章的出炉，不但见证着胡适与梅兰芳的交谊，也是对其十年前的“中国戏剧改良论”的某种微妙修正。

原来，至迟从1929年秋开始，梅兰芳为了准备赴美演出，曾多次造访胡适，专程向他讨教有关赴美演出事宜。对于如何征服美国观众，他心里没底，请求胡适为他选戏目，在内容旨趣、艺术风格上为他做指导。据《胡适之晚年谈话录》记载：

> 当年梅兰芳要到美国表演之前，他每晚很卖力气的唱两出戏，招待我们几个人去听，给他选戏。那时一连看了好多夜。梅兰芳卸装之后，很谦虚，也很可爱。

出国前，梅兰芳打算新排《太真外传》并试演，试演的首批观众之一，就有胡适。不仅如此，梅兰芳还曾致信，请求胡适出面，将《太真外传》的剧中情节用英、日语翻译出来，以备国外观众了解剧情之需。

后来，随梅兰芳赴美演出，而特别编印的英文版《梅兰芳与中国戏剧》(Mei Lan - Fang and Chinese Theatre)中，梅兰芳所有赴美演出剧目及剧情均有了英文译本，这其中恐怕也有一些胡适的支持与帮助罢。至于另一册英文版《梅兰芳太平洋沿岸演出》(The Pacific Coast Tour of Mei Lan - fang)，是在美国旧金山特别印制的，封面设计和《梅兰芳与中国戏剧》相仿，封面上的书名为《梅兰芳：中国戏剧》(Mei Lan - Fang: Chinese Drama)。与《梅兰芳与中国戏剧》最大的区别，是其内容不再是梅氏的剧照展示与剧情简介，而是一册评述梅氏戏剧艺术的英文专集，内收多篇评介京剧和梅氏生平及艺术表演的文章，为首一篇就是胡适所撰《梅兰芳和中国戏剧》(MeiLanfang and The Chinese Drama)。

在这篇文章中，胡适盛赞梅兰芳：

> 是一位受过中国旧剧最彻底训练的艺术家。在他众多的剧目中，戏剧研究者发现前三四个世纪的中国戏剧史由一种非凡的艺术才能给呈现在面前，连那些最严厉的、持非正统观的评论家也对这种艺术才能赞叹不已而心悦诚服。

他更将传统剧目《思凡》的梅氏演绎，与欧洲文艺复兴时期的诗歌艺术相提并论。他强调说：

> 《思凡》一剧从头到尾是一出独唱剧，剧本读起来就像罗伯特·布朗宁描述的一位中世纪僧侣画家在寺院斗室里的心理活动那首戏剧性诗篇。

在包括胡适、齐如山等人的评论文章之后，该专集末尾还附录了梅兰芳首次访美演出美方赞助人名单，其中胡适的老师杜威就赫然在列。这一切都在表明，胡适对梅兰芳赴美演出不但予以了支持与帮助，而且表现出了极大的热情与关注。

虽然文章中对待"男子的乳房"、"遗形物"等概念依然还有所提及，但对这些概念的批判力度与厌弃态度已明显有所收敛，甚至于带着某种好感与亲切感，将其纳入世界戏剧史领域，予以了褒赏性质的比较研究。胡适在文章开篇即表明了自己的这种微妙态度，他写道：

> 在历史上，中国戏剧的成长是受束缚的，它至今还没有摆脱那种跟乐曲、歌舞和杂技的传统联系，尚未形成一种说话自然、表演自发的戏剧。这都是无法也无须否认的。然而，这种在成长中受传统束缚的事实，倒会使戏剧史研究者对中国戏剧更加感到兴趣，因为当今世界上，哪里也看不到，今日中国舞台上那样生动的展现——戏剧艺术缓慢进化过程中所留存下来的那些废除不了的遗迹。你会在那里看到种种历史上的遗形物，都以完美的艺术形式给保存并贯彻了下来。你会发现华丽的净角脸谱犹如面具，舞蹈具有传统的常规惯例的节奏，战斗场面出现杂技，几乎每出戏都有独白，伊丽莎白时代和前伊丽莎白时代舞

台上那类象征性布景也由道具管理员安排得十分得当。

正是在梅兰芳的戏剧中,胡适发现“当今世界上,哪里也看不到,今日中国舞台上那样生动的展现——戏剧艺术缓慢进化过程中所留存下来的那些废除不了的遗迹”;他“看到种种历史上的遗形物,都以完美的艺术形式给保存并贯彻了下来”。换句话说,经过梅兰芳改良的京剧,在胡适眼中,已经是中国旧戏的最高峰。虽然中国旧戏的种种束缚仍然存在,但梅兰芳的改良也属难能可贵,不但不能苛刻责难,还理应为之赞赏。

1930年上半年,梅兰芳在美国纽约、芝加哥、旧金山、洛杉矶、夏威夷等城市共演出70多场,受到各地盛大欢迎和热情接待,获得了极大成功。当梅兰芳一行在上海码头登船赴美时,胡适欣然前往参加了各界人士欢送会;梅兰芳访美载誉归来时,胡适又亲自参加了各界人士欢迎会。这一切,在鲁迅看来,就是所谓的“拜倒于《天女散花》,《黛玉葬花》的台下了”的铁证罢。

压轴戏:娜拉走了之后

鲁迅死后半年,“戏剧改良”论之后快二十年时,胡适还是老样子,谈论中国旧戏的“悲剧性”太少,“经济性”太差;只不过越发的侧重于探讨“俗剧”、“地方戏”的史料价值。而关于中国戏剧的“进化”终点,究竟还是不是西洋话剧,究竟还是不是只要对白不要唱腔,则不是那么剑拔弩张,非如此不可了。

1937年5月15日,胡适为中华书局即将出版的清代戏曲选集《缀白裘》校点本作序,除了仍然推崇元杂剧的“经济性”与痛责明清传奇的“不经济”之外,还特别强调了《缀白裘》这样“雅俗共赏”的戏剧选本的诸多好处。他写道:

> 我现在要指出这部选本的几个特别长处。第一,《缀白裘》所收的戏曲,都是当时戏台上通行的本子,都是排演和演唱的内行修改过的本子。最大的改削是在科白的方面。《缀白裘》是苏州人编纂的,苏州是昆曲的中心,所以这里面的戏文是当时苏州戏班里通行的修改本,其中“科范”和“道白”都很有大胆的修改,有一大部分的说白都改成苏州话了,科范也往往更详细了。例如《六十种曲》的《水浒记》的说白全是官话,而《缀白裘》选《水浒记》的《前诱》、《后诱》两出里的张文远的说白全是苏州话,就生动的多了。
>
> 第二,《缀白裘》所收的曲本,虽然大部分是昆腔“雅”曲,其中也有不少是当时流行的“俗”曲,——所谓“梆子腔”之类。这三四百年中,士大夫都偏重昆

> 腔，各地的俗曲都被人忽略轻视，所以俗曲的材料保存的最少，这是文学史上的一件绝大憾事。苏州的才子如冯犹龙一流人，独能赏识山歌，《桐城歌》、《挂枝儿》一类的俗曲，至今文学史家都得感谢他们保存俗曲史料的大功绩。《缀白裘》的编者也很赏识当时流行的俗戏，所以这十二集里居然有很多的弋阳腔、梆子腔、乱弹腔的戏文，使我们可以考见乾隆以前的民间俗戏是个什么样子。这是《缀白裘》的一个很大的贡献，我们不可不特别表彰他。读《缀白裘》的人们不可不知道这些打诨的俗戏都是中国近世戏曲史上的重要史料。

地方方言进入官话体系的传统戏剧之中，使昆腔雅曲成为“打诨的俗戏”，这些俗戏的剧本，在胡适看来，是极为宝贵的戏剧改良之实践史料，极为难得的戏剧进化之标本存照。《缀白裘》由于辑选了大量这样的剧本内容，就是这样一部弥足珍贵，让胡适激赏不已的古代戏剧选本。事实上，这部书的出版，校点者虽为汪协如女士，立意之始与协助始终的，就是胡适本人。

原来，就在梅兰芳美国巡演载誉归来后不久，在胡适的支持和指导下，曾任上海亚东图书所编译馆编辑的安徽老乡汪协如女士，从 1931 年开始，即着手《缀白裘》的校点整理工作。1940年12月，中华书局以铅字排印出版，胡适的那篇序言也随之刊出。这不禁让人联想到二十年前与之相似的一本出版物——1921年潘家洵(1896—1989)翻译的《易卜生集》；此书在商务印书馆初版之际，除了署上"胡适校"的字样之外，也附录一篇《易卜生主义》代序，胡序＋潘译的集成，足见其剧本译介之外的"微言大义"。

同样，《缀白裘》这一运作时间持续近十年的古籍整理成果，甚至还不用署上当时通行的某某"审阅"字样，只须加上一篇胡适的序言，便足见其真实的推介意图。重视中国古典戏剧的辨析研究与取舍推敲，而不是统统打倒、推倒重来，这种对待中国古典戏剧以至其他文化遗产的学术态度，日渐成为《缀白裘》铅字印行之后的学术风尚，这是胡适的转折与选择，还是娜拉们的无奈抉择？

从《新青年》到《缀白裘》，从《易卜生主义》到《缀白裘序》，戏剧改良与戏剧进化是否同步？无论答案怎样千差万别，无论演员与评论家的口径心态如何莫衷一是，中国古典戏剧的"玻璃罩"终究还是没能被只说不唱的火枪手们击碎。说得比唱的还好听的话剧演员们，在这本戏、那本戏之间演来演去，在易卜生与萧伯纳之间写实过去、象征过来，终究还是没能把梅老板从国内国外的舞台戏台上轰下去。

如果说"要么堕落、要么回来"，是剧中人娜拉的归宿；那么在剧本之外的胡适，既没有堕落，也没有回来，走了之后也是知道怎么办的。“少谈些主义，多研究些问题”的胡适，在远离“主义”之后，其研究著述的种种成果就明摆在那里，其参与社会政治活动的种种影响力也无可争议。于胡适而言，这何尝不是另一种实用主义的真实归宿？于娜拉们而言，这何尝不是又一种无须纠结于“堕落还是回来”的人生方案。

正如1918年春节，胡适那首平淡得不能再平淡的小诗一样，在那个雪花飘飘的北国除夕之夜，人们除了包饺子、吃天津雪梨、红烧海参；能喝酒的来一口，只喝茶的泡一杯之外，只是这般度过人生中的又一次春节而已。虽然是平淡无奇的生活，可没有“主义”的生活不照样是生活吗？中国戏剧的改良或革命，并不需要这本戏、那本戏的非此即彼，目送娜拉远去而流泪与拜倒在梅兰芳裙下，本来就不是什么进化论层面上的高低贵贱之分。胡适的目光后来从“主义”走向了“问题”，从一呼百应的“旗手”转变为解决疑难的“能手”，恐怕就与在这一场“中国戏剧改良”之争中得到的历练有关罢。

胡适 1930 年代存照。

英文版《梅兰芳与中国戏剧》(Mei Lan－Fang and Chinese Theatre)

英文版《梅兰芳太平洋沿岸演出》(The Pacific Coast Tour of Mei Lan－fang)

新青年第 4 卷第 6 期易卜生专号

潘家洵译，胡适校并作序的《易卜生集》，1921 年商务印书馆初版。

梅兰芳天女散花造型

梅兰芳持赠玉照

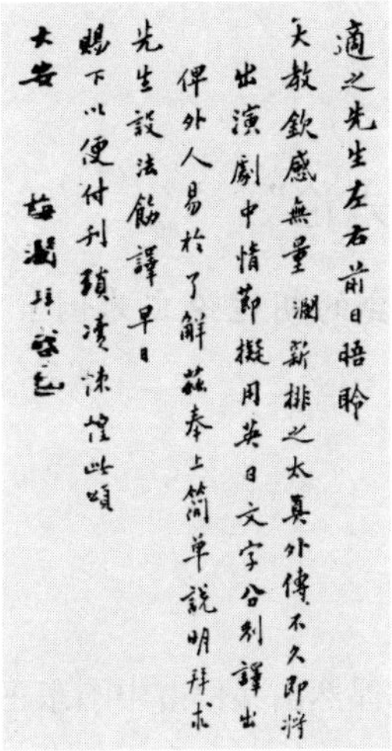

適之先生左右：前日晤聆
大教，欽感無量。瀾新排之太真外傳不久即將
出演，劇中情節擬用英日文字合刻譯出，
俾外人易於了解。茲奉上簡單說明，拜求
先生設法飭譯，早日
賜下，以便付刊。瑣瀆悚惶，此頌
大安
梅瀾拜啟

梅兰芳 1929 年秋致胡适信札

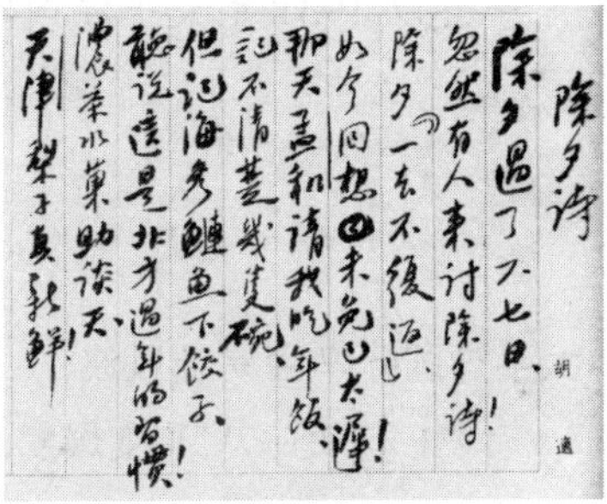

除夕詩

胡適

除夕過了六七日，
忽然有人來討除夕詩！
除夕一去不復返，
如今回想已太遲！
那天孟和請我吃年飯，
記不清幾碗幾碟子；
但記得海參銀魚下餃子，
聽說這是北方過年的習慣！
濃茶水菓助談天，
天津梨子真新鮮！

胡适 1918 年白话除夕诗手稿

《梅兰芳歌曲谱》，此书是为梅兰芳赴美公演特意编制，精选梅氏 18 部代表作的主要唱段，特约著名音乐家刘天华记录制谱。

《缀白裘》，胡适序，1940 年 12 月中华书局初版。

胡适的“中国复兴论”

——以1931年太平洋国际学会的胡适论文为例

太平洋国际学会易址风波

1931年“九一八”事变爆发，日本悍然出兵侵占中国东三省。国难当头的中国人，如何面对这突如其来的“国耻”？无论是惊恐万状、不知所措的东三省民众，还是群情激奋，坚决要求以牙还牙的后方民众；无论是努力让自己冷静决策、揣度万全之策的军政要人，还是以各种方式奋起抗议、撰文评论的文人学者；此时却突然接到一个国际性会议召开的通告——太平洋国际学会（Institute of Pacific Relations）第四届大会，将于1931年10月21日在杭州召开。

太平洋国际学会是由美国学界和商界人士发起组织的非官方性质的政治学术团体，于1925年7月在美国夏威夷的檀香山，正式成立并举行第一届大会。参加者为来自美国、中国、日本、朝鲜、加拿大、澳大利亚、纽西兰、菲律宾等太平洋区域内及沿岸国家的代表112人。会议主旨是对太平洋沿岸各国面临的问题及国际关系之症结，研究讨论，交换意见，以增进国家间相互了解和民族间彼此亲睦。此次会议决定，在各国设立分会，以后每两年召集一次大会。正是在 1929 年于日本京都召开的第三届会议上，议定 1931 年的第四届大会在中国举行。

太平洋国际学会中国分会 1931 年有会员 105 人，执行委员 15 人，胡适为执委会委员长，会员包括蔡元培、王云五、朱经农、黄炎培、黄郛、唐绍仪、张伯苓、林语堂、蒋梦麟、宋美龄、宋子文、孔祥熙、吴经熊、丁文江、潘光旦、陈光甫、陶孟和、刘鸿生、陈衡哲等，多为全国一流的名儒时俊。由于人才荟萃，各方襄助，第四届大会的筹备工作进展顺利，会议确定于 1931 年 10 月 21 日至 11 月 2 日在素有“人间天堂”美誉的杭州隆重举行。

“九一八”国难当头之际，即使是纯粹的国际学术交流活动，也无可避免的要沾染上浓厚的政治色彩，民族主义与国家主义高涨之下的集体无意识，自然而然地开始排斥这一有日本代表及学者参与的大会。原定杭州举办的计划在各方舆论压力下受挫，为减少民意与会议发生冲突，会址只得由革命气氛浓厚的杭州，改迁至租界林立的上海。

胡适力图“学术救国”

1931 年 10 月 21 日上午，太平洋国际学会第四届大会在位于上海静安寺路的万国体育会馆内开幕。到会正式代表140人——美国26人、英国20人、日本19人、加拿大11人、澳大利亚9人、纽西兰6人、菲律宾5人、荷兰1人、国际联盟2人、国际劳工局3人、中国38人。国难当头下的这次国际学术会议，能历经波折、勉强召开已颇为不易。为此，本届大会主席及中国代表团团长胡适在开幕式上便苦口婆心地说：

> 各位会员，我们不要过于乐观了。大会在今天仅仅开始，在我们前面还有许多繁难的问题要我们分析。并且若是可能的话，要我们解决。若是我们所持的研究态度不对，我们会失败的。若是我们仅以意气用事，不听对方的理由，我们会失败的。若是我们来到这里，仅仅为某一种学说去宣传，或是仅仅为某一种事件去辩护，我们会失败的。
>
> 所以在我们工作开始的头一天，不妨把我们工作与我们问题的性质先仔细地观察一下。我们目前的问题，是国家与国家间的问题，是民族与民族间的问题。我们的工作，是替这些国家与民族去思想。这个工作最高尚、最纯洁，却同时也是最危险的。古哲有云，一言兴邦，一言丧邦，就是这个意思。我们除非开诚布公，捐除成见，我们是不能希望成功的。我们到这里来不是要揶揄，不是要呐喊，乃是要了解。我们

到这里来，不是要教训旁人，乃是要共同思想，彼此交换意见。只有用谦恭寻求真理的精神，我们才可以得着一部分的成就。

应当说，胡适在会议开幕致辞中的立场与态度，充分体现了一位中国学者的真诚与气魄。但在当时的国际国内形势下，却是相当不合时宜的。“九一八”事变爆发，国人的愤怒也在瞬间爆发；“爱国主义”下的任何举动都可以找得到“合情合理”的解释，面对这样一次国际学术会议也不例外。胡适当然知道，他的开幕辞意味着什么；他当然还知道，作为本届会议主席兼中国代表团团长的他，任何一个用词不当，都有可能导致会议夭折，或者他自己被炮轰出局。

显然，当时的中、日两国之间已经处在临战状态中，中国国民在强烈的耻辱和愤恨的反感中，已经开始大规模的、全面的“排日”了。尽管如此，胡适仍然没有从国际准则与爱国主义角度上去谴责日本，而是话锋一转，在开幕辞中直截了当地谈起了太平洋学会的理念，并尽可能地为此次国际学术交流盛会，确立一种平和、不偏激的氛围。他说：

我们在此，不是来哭，也不是来笑，只是来明白一切。我们在此，不是来教导，只是来互相交换意见。

反对在对日问题上“唱高调”，这是胡适的基本主张。他审慎地认为战争是一件大事，作为民众领袖应尽一切可能去避免战争，否则就不能算他尽到了对国家的责任。而作为民众则应冷静地考虑替代战争的其他方法，单凭爱国主义是救不了国的。

《中国文化论集》力图“文化救国”

其实，在此次大会上，在学术层面上，要交换什么样的意见，陈衡哲（1890—1976）的计划已经付诸实施。参加过1927、1929年两届太平洋国际学会年会的陈氏，深感在历届年会中，关于中国文化的专题研究与集中展示都相当缺乏。无论是要确立中国文化的国际地位，还是要争取中国人在国际学术中的话语权，都迫切需要在此次1931年的年会中汇集中国知识界精英力量，编撰完成一册《中国文化论集》，并提交大会研讨。为此，她曾于1931年4月4日写信给胡适，一方面说明她的总体计划与用意，一方面也正式向胡适约稿。胡适对此全力支持，也成为《中国文化论集》中唯一一位有两篇文章入选的中国学者。

《中国文化论集》是英文版（Symposium on chinese culture），1931年10月在上海印制完毕时，还没有接到将会址改为上海举行的通知。所以，在书的扉页处可以清晰地看到一行英文——Prepared for the Fourth Biennial Conference of the

Institute of Pacific Relations Hangchow—October 21 to November 4,1931. 仍旧明确无误地标注着杭州会址与会议时间。无论如何,这一册由陈衡哲主编,胡适鼎力支持的《中国文化论集》还是被带到了上海会场;胡适强调的“只是来交换意见”,在这样一部由当时的中国知识精英们所撰写的论文集中,已经交待得清清楚楚了。

是书收录了丁文江《中国文明的形成》,胡适《中国历史上的宗教和哲学》,蔡元培《绘画与书法》,赵元任《音乐》,朱启钤《建筑:北京城》,余上沅《戏剧》,胡适《文艺复兴》,任鸿隽《中国科学之引进及其发展》等等,与陈衡哲最后的一篇“总结”,共计达 18 篇英文文章。其中,胡适的两篇文章,与中国分会指定的论文题目“中国对西洋文化之态度”并不一致,但又有所默契与呼应,特别耐人寻味。

诚如在书扉处的一则寄语——To those Who work for better understanding between China and the rest of the world, This book is hopefully Dedicated(此书衷心期望书中这些文章能让世界各国更好地了解中国),这是善意的期许,实际上提前向包括日本代表在内的与会者释放了一个信号,即中国希望和平,中国无意制造争端,也不愿意发生战争。胡适在书中的两篇文章,也均在暗示同样的理念,即中国愿意与世界各国保持友好合作,中国有诚意与决心解决好包括文化冲突在内的国际争端。

显然,这样的理念,理性、平和、美好,无可挑剔。但在“九一八”事变背景下的中国,表达出这样的愿望,阐论这样的理念,在民族主义与民粹主义已经占据社会舆论话语权之际,无疑仍是有相当压力与风险的。那么,为什么胡适等人不顺应时潮,干脆拒绝参会,甚至走上街头、振臂高呼一番呢?事实上,从1931年的“九一八”事变,到1937年的“八一三”事变,这期间胡适一直奉行通过外交努力争取和平的主张,是典型的“主和派”;他始终认为,中国在此时此刻,根本还不算是一个现代化强国,还绝没有能力与日本相抗衡。他特别期望,即使进入全面战争状态,也要在此之前做好外交谈判工作,尽可能地为备战赢得更多的国际支持与部署时间。

胡适的良苦用心,在当时中国民众的社会舆论中,几乎没有支持者。即使在相当理性的学术界与知识分子群体中,也鲜有人予以回应。毕竟,胡适的主张不符合当时国人的情感与处境,那一顶“卖国贼”的帽子随时都可以扣过来;这种主张本身,也需要践行这一主张者有相当大的能力来参与国事、推动外交,即使是知识分子群体中有能够理解者,也未必有能力与之呼应。孤家寡人的胡适,此刻还是顶住种种压力,在《中国历史上的宗教和哲学》、《文艺复兴》两篇文章中,向与会各国代表乃至中国民众,阐示了他心目中的未来中国是何模样,揭示了中国将如何尽快走向理性主义与人文主义的全面复兴之路。文章极其细致耐心地暗示着一个主题——中国文化将与世界文明同步发展,并必将为之做出贡献;希望各国(包括日本)不要在这条共生共赢的和平发展之路上,有所偏见,有所阻碍。

如今看起来,这样的主张,似乎过于书生气、过于理想化。这样的主张,势必淹没在已经日益沉重的战争阴影之中,在中国知识界的不予响应之外,更可能得到的是中国民众的骂声一片。但胡适之所以要这样做,自然有他的预判与掂量;与同时代知识分子相比,他更了解中国实际的军政状况与实力。1933 年 3 月 13 日,胡适在河北保定与蒋介石的私晤中,亲闻其“军事上不能抵抗,外交亦无办法”的表态,也再一次证明他的预判是正确的。当时的中国,还没有能力应付这样一场残酷的战争,更无可能打赢这场大战。

胡适“中国复兴论”求和平

胡适在国难当头之际,抛出了中国哲学(理性主义)、文艺(人文主义)的全面复兴设想,说到底,是绕着圈子来向国际社会表达“中国无威胁论”,是相当委婉含蓄地向日本等国表达“中国正在强大论”。“中国无威胁论”,显然是“主和”;“中国正在强大论”,则表明战胜中国也不容易。这当然是一种外交博弈策略,胡适将其运用于文化论文之中,这是他的智慧,更是他的苦心。

我们看到,在《中国历史上的宗教和哲学》一文中,胡适写道：

> 中华民族的人性和理性思想始终没有因绝望而放弃斗争，它奋斗不止，最终成功地把中国拖出了中世纪的魔掌，并逐步建立起一种世俗的哲学和人文主义的文明。让我们期望，用现代科学技术武装起来的中华民族，其理性主义和人文主义一定能够以新的活力完成这一未竟的事业，取得我们的祖先所未取得过的更大成就。

而在《文艺复兴》一文中，胡适更是提出：

> 许多个世纪的工作就可能被缩短为短短的几年时间，确保文学革命能够一举成功，实际上文学革命不过是两千年历史进化的最高峰而已。

在这两篇文章中，胡适把“中国无威胁论”的基础，建立在中国尚未完成现代化这背景之下，是颇令人信服的。而把“中国正在强大论”的基础，寄望于理性主义与人文主义在中国的全面复兴上，则多少有些流于纯精神层面上的理想了。让胡适左右为难的是，“中国无威胁论”既要表达，又不能太过，太过则几近于“媚日”、“示弱”；“中国正在强大论”必得表达，且要与“中国无威胁论”相制衡，但又的确拿不出更令人信服的数据与实绩来，则只能以推论式、口号式的语句来勉强陈述。或许，国难当头的哲学与文艺复兴，始终只能是一厢情愿的转移视线，当时胡适本人能做到的，能承受与分担的“国难”，也仅此而已罢。

在此次大会之后，胡适仍多次在各种场合、各类文章中阐扬其“中国复兴论”，只不过论述重点更加倾向于自新文化运动以来的国人奋进与国民进步。1934 年，胡适英文专著《中国的文艺复兴》(The Chinese Renaissance)在美国出版，标志着胡适“中国复兴论”在文艺领域内的定格，这一论调也或多或少地触动了当时的欧美民众。

除此“学术动作”之外，从 1931—1937 年，胡适还始终奔走于中国政要、欧美甚至苏俄大使之间，寻求外交斡旋、国际博弈的解除或暂缓战争的途径。在此期间，他甚至于冒天下之大不韪，提出过“承认伪满”、“放弃东三省”等一系列看似极其荒唐的建议，极力主张“与日本公开交涉，解决一切悬案”，提出了“原则为求的十年的和平”，“方法为有代价的让步”的外交策略。这种“割地求和”的思维模式，在胡适看来，无非是效法苏俄(当年为确保暂时和平而与法西斯德国签订和约)，实在是不得已而为之的缓兵之计——此时的中国，岂止哲学与文艺尚无复兴气象，军备与国力更是弱不禁风、不堪一击。而在“八一三”事变中，胡适更目睹了战争的惨绝人襄、侵略者的无耻残暴、国军的誓死如归；面对这一切，外交策略上的“以退为进”、文史典故中的“忍辱偷生”等等，都不过是一纸空文、书生意气罢了。此时的胡适，也开始了更为决绝的反省；他之后的言行，则更像是一位书剑同携，而最终亮剑的志士了。

从求和到求战

国难当头的哲学与文艺复兴，更需要知识分子的骨血与胆魄；更需要知识分子有共赴国难的信心与决心；更需要知识分子有带领民众共克时艰的号召力；更需要知识分子有影响国际外交的能力。所谓理性主义与人文主义，在此时此刻的中国之复兴，前提条件只能是抗日救国；无论主战主和，放弃国家领土与主权完整的权宜之计，都将让理性与人文覆灭，何来复兴之希望？

胡适终生未曾放弃过的中国哲学与文艺复兴之理想，在日甚一日的日本侵略者恶行之下，也终于浴火重生，大变其旨。“八一三”事变之后不久，1938—1942 年，胡适任驻美大使，开始频繁穿梭于美国各地，倾力争取美国朝野对中国抗战的同情与支持。他历时五年，四百余次演讲，终于让美国人参与并终结了太平洋战争，也终于使中国抗战不再是孤军血战。应当说，从先前的学术救国、文化救国思维框架中的“外交求和”主旨，胡适的这一思维框架本身并未彻底崩溃；

此刻，他仍以学术、仍以文化为切入点，来撬动外交杠杆，只不过这一次是“求战”——吁求美国参战，予中国抗战以支援。

胡适的学术理想与政治实践，在日本人眼中也就此经历了微妙变化——从二十世纪 20—30 年代日本学界普遍赞誉其为“支那学坛麒麟儿”，到 1941 年太平洋战争爆发前夕，东条英机在昭和天皇面前怒骂其为“日美敌对的元凶”；这一赞一骂，一“麒麟”一“元凶”，又何尝不是中国知识分子“知行合一”古老信条的另一注脚呢？先前一直力图以知性力量感召日本、达成和解的胡适，此刻同样以知性力量，在美国践行着抗日国际战线的缔造。特别值得一提的是，太平洋战争爆发，美国参战之后，日本知识界及文化界人士不但密切关注胡适的一言一行，甚至于这时恍然大悟般的，将十年前在太平洋国际学会上印发的《中国文化论集》翻译为日语版，日本著名汉学家石田幹之助（1891—1974）任总监译，福井康顺、原三七分别担任了胡适两篇文章的译者，于 1942 年 6 月以《支那文化论丛》为名，正式出版发行。

其实，在太平洋战争爆发之后，在胡适成为日本人眼中的“元凶”之后，再来翻看这一册十年前印制的《中国文化论集》，在《中国历史上的宗教和哲学》、《文艺复兴》这两篇文章中，所表达的和平之愿望、文化之理想，如何如何的不切实际与不合时宜，或许都已经不再重要。重要的是，文章本身所体现的中国知识分子的善意与仁爱、审慎与自尊的人格力量;而这种人格力量一旦被迫向反面发展,一旦被迫向自卫抗争的方面发展,也终将是一股不可忽视、不可估量的坚韧力量罢。做了“过河卒子”的胡适,以一个中国知识分子的“拼命向前”,让美国朝野感动,让日本政界惊恐,让中国知识界振奋。

1960年,69岁的胡适在美国纽约宣布“太平洋国际学会”解散;他多次劝阻蒋介石“连任”、反对“修宪”的种种政治努力,在当年也告失败。毛子水去信劝慰云:

> 四十多年来,先生所发表的言论,没有几句话不是可使我们国家的地位提高的,没有几句话不是可以使我们民族的智慧增加的。但到了现在,国难日深,民德愈下,这只能说是中国的命运,在先生可以对得住国人了,对得住世界了。

这句话,或可概括胡适一生的理想与实践——终生坚信并始终致力于中国哲学与文艺复兴,并以此寄望“中国复兴论”的他,也正是在无数次失败与奋斗中,完满了自己的人生。

(本文部分史料参考张静著《中国太平洋国际学会研究》,社会科学文献出版社2012年10月版;胡慧君著《抗日战争时期的胡适》,浙江大学出版社2013年7月版)

1938 年，胡适初任驻美大使期间题赠陈光甫的照片。

1939 年，胡适出任驻美大使期间工作存照。

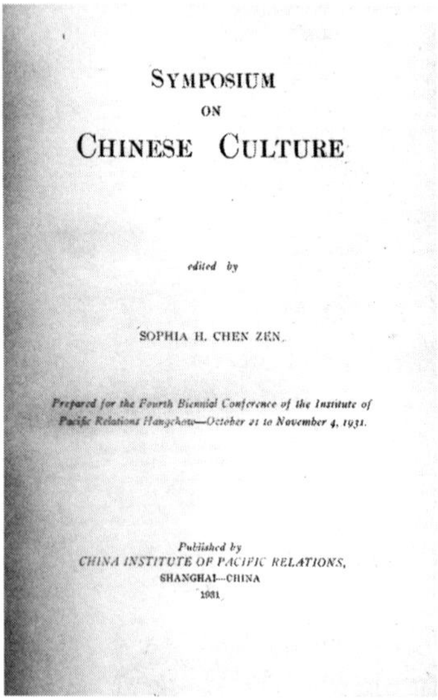

SYMPOSIUM
ON
CHINESE CULTURE

edited by

SOPHIA H. CHEN ZEN

Prepared for the Fourth Biennial Conference of the Institute of Pacific Relations Hangchow—October 21 to November 4, 1931.

Published by
CHINA INSTITUTE OF PACIFIC RELATIONS,
SHANGHAI—CHINA
1931

英文版《中国文化论集》,扉页。

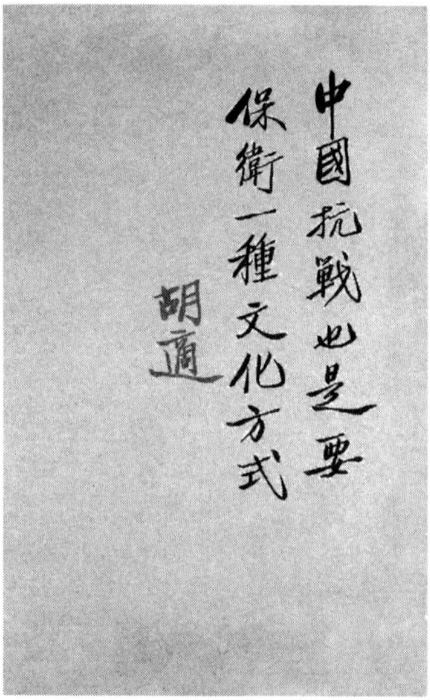

胡适于1942年3月23日,在美国华盛顿纳德里克俱乐部演讲《中国抗战也是要保卫一种文化方式》;美国旧金山哥伦比亚出版社(Grabhorn Press)特别印制,赠送听众。

胡适与“引得”之学

研读史书，查证史料，是最容易被“书袋子”压垮的。新出土文物、新发现文献的不确定信息姑且不论，单单是传世文献的“无边书海”，就会让研究者耗费大量精力与时间。博览群书、广征博引的背后，是为了一字一句的史料“穷经皓首”——漫长的摸索、求证与辨析过程。在这一艰辛的治学过程中，能不能精确搜索到、准确征引到时代久远、不易求索的珍稀文献版本，成为衡量文史研究学术成果水准的一条不成文的“铁律”。

简单说来，卷帙浩繁的中国史料，给研究者提供了两大学术方向——断代史与专题史。而实现这两大学术方向的基础工作，乃是史料索引与史料辨伪——前者让我们更为便捷高效地找到史料，后者让我们更为明确哪些史料可用。前者看似没有立场与取舍，只突出工具性；后者看似刀斧与绣花针并用，技术性要求更高；但都无一例外地在实现一种“新史学”方法与观念上变革，都与胡适（1891—1962）在“新国学”运动中的主张不谋而合。在民国学术史上，这两种位于史学研究前端的基础工作，其奠基者与倡导者胡适的相关言论不胜枚举，我们也对此颇为熟悉。与胡适共谋此项事业的，或者说不谋而合颇有默契者，其代表人物乃是洪业(1893—1980)与顾颉刚(1893—1980)。但知顾者多，知洪者未必多。

众所周知，由顾颉刚持续推进、影响深远的“古史辨”学派，胡适的“源动力”角色及其参与程度频度、强度之高，在此无须多言。但或正因对顾氏学术的熟悉，反倒平添对洪业其人其学的陌生感。由洪业开创与践行的“引得”学说，究竟是怎样一种学术主旨下的产物，这一主旨的形成是否与胡适有关？这一学说是否形成过一种有相当规模、并有明确主张的“学派”，又究竟是否有胡适的推动力参与其中？由于存世文献的阙如，以及胡、洪二人并未付诸太多笔墨证据的交谊，上述问题的提出与解答，都显得不那么充分与确切。

1923：新国学之诞生

1923年1月，《国学季刊》创刊。胡适在发刊词中宣告了“新国学”的诞生，与“旧国学”的衰亡。开篇语振聋发聩，耐人寻味：

> 近年来，古学的大师渐渐死完了，新起的学者还不曾有什么大成绩表现出来。在这个青黄不接的时

期，只有三五个老辈在那里支撑门面。古学界表面上的寂寞，遂使许多人发生无限的悲观。所以有许多老辈遂说，“古学要沦亡了！”“古书不久要无人能读了！”

除了历数近三百年来“旧国学”的成绩与弊端，胡适鲜明地举起了“新国学”的大旗——新方法、新视野、新目标中的整理国故。他认为，是时候另起炉灶，另立门户了。他指出：

我们的意思并不要菲薄这三百年的成绩，我们只想指出他们的成绩所以不过如此的原因。前人上了当，后人应该学点乖。我们借鉴于前辈学者的成功与失败，然后可以决定我们现在和将来研究国学的方针。我们不研究古学则已；如要想提倡古学的研究，应该注意这几点：

(1) 扩大研究的范围。

(2) 注意系统的整理。

(3) 博采参考比较的资料。

诚如“新文学”运动之所以“新”，就在于放弃原有的古文骈体至上的文学旧样式，而代之以白话文为主、自由通俗的文学新形式。“新国学”之“新”，必然要从方法论角度颠覆过去的手段、旧有的眼光、陈腐的学识。上述三条方法论中的

“扩大论”、“博采论”，更多地涉及到研究者自身眼光与识见，属于方法论的高端层面；而“系统论”才是“新国学”赖以立身续命的方法论基础。

胡适认为“学问的进步不单靠积聚材料，还须有系统的整理”。那么，怎样才是“注意系统的整理”呢？“系统论”的第一步就是“索引式的整理”，这是“新国学”成立的首要前提。什么是索引式的整理，这项工作有多重要，有何深远影响与可预期的价值等等，这一系列问题，胡适在此已经提纲挈领地表达得一清二楚了。他写道：

> 不曾整理的材料，没有条理，不容易检寻，最能消磨学者有用的精神才力，最足阻碍学术的进步。若想学问进步增加速度，我们须想出法子来解放学者的精力，使他们的精力用在最经济的方面。例如一部《说文解字》，是最没有条理系统的；向来的学者差不多全靠记忆的苦工夫，方才能用这部书。但这种苦工夫是最不经济的；如果有人能把《说文》重新编制一番（部首依笔画，每部的字也依笔画），再加上一个检字的索引（略如《说文通检》或《说文易检》），那就可省许多无谓的时间与记忆力了。又如一部《二十四史》，有了一部《史姓韵编》，可以省多少精力与时间？清代的学者也有见到这一层的，如章学诚说：

窃以典籍浩繁，闻见有限；在博雅者且不能悉究无遗，况其下乎？校雠之先，宜尽取四库之藏，中外之籍，择其中之人名地名官阶书目，凡一切有名可治有数可稽者，略仿《佩文韵府》之例，悉编为韵；乃于本韵之下，注明原书出处及先后篇第；自一见再见，以至数千百，皆详注之；藏之馆中，以为群书之总类。至校书之时，遇有疑似之处，即名而求其编韵，因韵而检其本书，参互错综，即可得其至是。此则渊博之儒穷毕生年力而不可究殚者，今即中才校勘可坐收于几席之间，非校雠之良法欤？（《校雠通义》）

当日的学者如朱筠、戴震等，都有这个见解，但这件事不容易做到，直到阮元得势力的时候，方才集合许多学者，合力做成一部空前的《经籍纂诂》，“展一韵而众字毕备，检一字而诸训皆存，寻一训而原书可识”（王引之序）；“即字而审其义，依韵而类其字，有本训，有转训，次叙布列，若网在纲”（钱大昕序）。这种书的功用，在于节省学者的功力，使学者不疲于功力之细碎，而省出精力来做更有用的事业。后来这一类的书被科场士子用作夹带的东西，用作抄窃的工具，所以有许多学者竟以用这种书为可耻的事。这是大错的。这一类"索引"式的整理,乃是系统的整理的最低而最不可少的一步;没有这一步的预备,国学止限于少数有天才而又有闲空工夫的少数人;并且这些少数人也要因功力的拖累而减少他们的成绩。若大的事业,应该有许多人分担去做的,却落在少数人的肩膀上:这是国学所以不能发达的一个重要原因。所以我们主张,国学的系统的整理的第一步要提倡这种"索引"式的整理,把一切大部的书或不容易检查的书,一概编成索引,使人人能用古书。人人能用古书,是提倡国学的第一步。

胡适这段话虽是针对国学研究现状所讲,但却恰恰一语道破了"索引"在现代学中的重要作用。无疑,这在当时是一次对索引之学很有影响、深入人心的宣传。从此之后,包括胡适在内的大批著名学者和图书馆界先驱,开始广泛参与索引学术的宣传活动,唤起了学术界和图书馆界的高度关注与充分认可。全国各方面编制索引的热情被极大地激发起来,迅即编制出了大批索引类图书。而恰恰就在此刻,1923 年秋,早在 1915 年赴美留学的洪业,学成归国,开始执教于燕京大学。这位刚刚 30 岁的"海归"精英,也积极投身整理国故运动,致力文献古籍的整理,并亲自主持编制出大量经史子集名著的索引专书，开创了“引得”之学。

1931：一把尺子度量两千年古史

引得、索引、通检，其基本含义是一致的，都是属于目录学范畴的检索工具，都具备三个基本要素：一是明确的检索范围；二是有特定的检索对象，如主题词索引，对象就是主题词；三是有科学系统的编排方法，如人名索引是按姓氏笔画顺序，而每个索引词条注明了所在册、卷、页、栏别等，便于快速精确查找。

但“引得”是英文 Index 的音译，它就直接来源于洪业的译介与操作。引得即索引，此词日本译为“索引”，后传入我国。洪业则没有接受日本译名，而是将其译为“引得”，他曾于《道藏子目引得》序言中论及此词的来历：“引得一文，累西文 Index 之对译，于音于义均较旧译索引为佳，故采用之。”他更比较中西方学术研究方法之异同，并结合自己在学术研究中的切身体会，指出“西文重要书籍，皆附有 Index，甚便检寻书中内容。中国旧籍，素阙此类研究工具。”此时的新派学者大多没有古籍“烂熟于胸”的功底，要查找资料，只有依靠目录检读；如果没有现成目录可以利用，则只有凭记忆线索翻检，费时渎神，甚至徒劳无获，深感不便。洪业就曾说自己“幼时习此经传按指《春秋》经传而苦之。三十年来，又则为诸家论说所眩，左右进退，靡所适从”。在研究杜甫诗时，他发现：

> 校注杜诗必欲得杜诗所习用之字句、杜诗中所复见之名物而前后参照焉，杂书引杜则简举篇名，或仅录一句，或仅摘二三字……学者必欲知其各在集中何处，然杜诗篇数，千四百首，杜集各本之都宜检校者十有余种，而编次卷第又多不相同，校者将望而生畏焉。（详参洪业《杜诗引得·序》）

如有引得可以利用，用于研究大有裨益——这正是洪业矢志于引得之学的初衷。

为了使更多的学者免受反复翻检而不得的痛苦，洪业“固有编纂引得用便研究探讨之意”。1923 年回国任教之后，他就毅然以极大精力投入编制引得的“为人之学”。于 1929 年 9 月正式组建了从属于哈佛燕京学社的引得编纂处，自任主任，“担指导之义务”，引得编纂处聘有编辑聂崇歧、李书春、田继综等三人“分任编校引得”，马锡用为经理，“掌采往书札及一切杂务”，五个书记“掌缮录引得稿件”，后来稍有扩大，但也只在十余人左右。

引得编纂处班子虽然不大，但他们所推出的“引得丛刊”成就却不小。在 1930 年到 1950 年间，虽因抗战，1942 年到 1946 年曾一度停止工作，但仍“先后编纂出版了经史子集各种引得多达 64 种 81 册”。这 64 种引得“从类型看:有专书引得、人物引得、书目引得和篇目引得。从体例看:有逐字引得、字词引得、句子引得和条目引得;人物引得中有传记引得、著者引得、字号引得。文献收集范围有原书加注疏引得、注引书引得、原书删存引得、综合引得”(详参 1940 年《燕京学报》第 28 期——《国内学术界消息:“引得编纂处十年概况”》一文)。

特别值得一提的是,1931 年 2 月,《读史年表附引得》特刊印制完毕。作为 64 种“引得丛刊”中 23 种特刊之首——这本特刊,实际上是把从西汉到清代的中国两千年古史完全表格化与尺度化,为读史者的必备入门工具;可以称之为中国文史研究的引得之引得,索引之索引。

这是一册足足有四开大小的,布面穿绳装帧的卡片集成式图书。书中共有 24 页铜版纸印制的图卡,分别将从汉代至清代的两千余年历史,进行断代制表;最为特别的乃是,将每个朝代的起始年代区间,均按照一毫米刻度代表一年时间的方式,在表格两侧标示出来,形成独特的“公元纪年标尺”。这样一来,不但每个朝代年号所代表的公元纪年清晰可查,每个朝代年号的时间长短及同时代并立政权年号的时间长短,均可以曲线连接方式表现出来,极其形象准确。这一册特刊还附配有一把“干支纪年标尺”,仍以一毫米刻度代表一年时间的方式,可以与表格中的“公元纪年标尺”对应查验,便捷得出国际通行的公元年代与中国干支纪年之间的换算结果。

可以想象得到，这把硬卡纸制作的“干支纪年标尺”，在当年任何一位史学研究者与普通文史读者眼中的新奇程度。当他们拿着这把尺子，为了查证一条史书记载，为了确定一桩史实，在24页图卡所刻划的两千年古史图表中，任意测算、轻松换算出公元纪年与干支纪年之时，该是怎样一场令人身心愉悦的发现之旅。一改先前书堆乱翻、手忙脚乱的读史窘状，这一件读史小发明，又会让多少学者、读者在将信将疑中，领略科学方法之魅力呢？胡适等“新国学”中人，是否也曾揣着这把尺子，衷心赞赏这“引得”之学的精确与便利呢？

不谋而合与咫尺天涯

姑且不论这把中西合璧的尺子，当年的普及程度与使用频度；习惯于“上下五千年”古史观的读者仍不禁会问，为什么在洪业的读史年表中，只是上迄西汉，而没有追溯到“三皇五帝”时代呢？难道中国古史的“引得”，只能有两千年可引，只能有两千年可查？

其实，翻开这一册开本硕大、制作精良、用纸考究的《读史年表附引得》，无论是书籍装帧上的西洋风味；还是整本书所彰显的新式方法论，都扑面而来透露着一种信息，即这本书的编制者绝非是旧有古史观的继承者，这本书本身就蕴含着一种崇尚西方科学、打破中国原有古史迷信的精神。而这种两千年古史观,又正是与胡适的“东周以上无史论”,以及顾颉刚在此基础之上演绎的“五千年对折论”不谋而合的。

“东周以上无史”这句话,出自胡适 1919 年 2 月出版的《中国哲学史大纲(卷上)》,该书《导言》中明确指出:“以现在中国考古学的程度看来,文明对于东周以前的中国古史,只可存一个怀疑的态度。”后来胡适写《研究国故的方法》一文,又重申过同样的话:“在东周以前的历史,是没有一字可以信的。以后呢? 大部分也是不可靠的。”

胡适的“东周以上无史”之观念,后来形成了一套“先把古史缩短二三千年”的操作方案。1921 年 1 月 28 日,胡适刚刚得到《崔东壁遗书》之后数日,给顾颉刚写了一封信,除了随信附送崔氏著述之外,信中有三句话至关重要,第一句是“现在先把古史缩短二三千年,从《诗三百篇》做起”;第二句是“将来等到金石学、考古学发达上了轨道以后,然后用地底下掘出的史料,慢慢地拉长东周以前的古史”;第三句是“至于东周以下的史料,亦须严密评判,‘宁疑古而失之,不可信古而失之’”。后来这封信被收入《古史辨》第一册中,题为《自述古史观书》。

由来已久、流行已广的中华五千年,就这样被胡适“腰斩”。这一“腰斩”手法,实际上对后来“古史辨”学派的方法论产生了巨大影响。学派主持人顾颉刚本来就是胡适在北大讲堂上的听众之一,他曾经听过胡适的"中国哲学史"课,在其早期治学中对胡适的学术理念几乎是全盘照搬,因此也曾说过与"东周以上无史"和"先把古史缩短二三千年"类似的话。他曾说:

> 照我们现在的观察,东周以上只好说无史。现在所谓很灿烂的古史,所谓很有荣誉的四千年的历史,自三皇以至夏商,整整齐齐的系统和年岁,精密的考来,都是伪书的结晶。

又说:

> 中国号称有四千年(有的说五千年)的历史,大家从《纲鉴》上得来的知识,一闭目就有一个完备的三皇五帝的统系……若能仔细的同他考一考,教他们涣然消释这个观念,从四千年的历史跌到二千年的历史,这真是一大改造呢!

最后,顾颉刚还总结说:

> 中国的历史,普通都知道有五千年……但把伪史和依据了伪书而成立的伪史除去,实在只有二千余

年，只算得打了一个"对折"！

顾氏的这三句话，后来都出现在了《古史辨》第一册中，与胡适的那三句话遥相呼应。当然，胡适的"先把古史缩短二三千年"被顾氏置换成了"打了一个'对折'"，更具传播效果。

无论如何，胡适的"东周以上无史论"开辟鸿蒙也罢，顾颉刚"五千年对折论"强调史料辨伪也罢；洪业的"引得"学说，都的确是在这一场"新国学"运动中，都的确是在某种"不谋而合"的学术潮流中，诞生的标准化成果、基础性工具。《读史年表附引得》的"两千年史观"及与之相应的那把尺子，不但契合了胡适的"宁疑古而失之，不可信古而失之"新国学标准与古史观刻度，而且将胡适的主张转化为了可实际操作的、标准化的方法论模式。

在基本了解洪业其人其学之后，再来回顾洪业与顾颉刚，自然又别是一番况味。这两位同比胡适小两岁，生卒年均相同的"新史学"代表人物，如果单纯在民国思想史框架中加以设定，似乎是实至名归、无以替代的胡适阵营中的史学"双子星"。但也正因为如此，这一时期的胡、洪二人之交往状况，才更让人迷惑不解——就目前能够看到的胡适书信、日记及各类评论性质的文章中，洪业的身影并不鲜明，似只为泛泛之交。而洪业本人存世的文字中，这一时期与胡适似乎也没有任何交往，顺带一提的文字证据也未曾看到过。

从洪业归国的1923年秋算起，直到1949年之后胡、洪(1946即赴美讲学)二人均已寓居美国止；在这长达26年的时间里，两位同时代的新国学、新史学理念践行者，为什么在学术生活中始终没有交集呢？难道，在一座北平城里的燕京大学与北京大学之距离，就真的如此遥远，真是咫尺天涯吗？尽管1933年11月引得特刊之七《封氏闻见记校证附引得》由胡适亲笔题写了书名；尽管1934年5月，引得编纂处印制的《水经注引得》，或会让胡适颇感兴趣；但我们始终找不到更进一步的证据，能够证实胡、洪二人之间在当时确有一定交谊。

天涯再会"弄潮儿"

"弄潮儿"的开场是勇立潮头、翻云覆雨，下场均难免会随波逐流、惨淡经营。胡、洪二人是民国的海归精英，他们从学术理念到学术方法上所搬弄的"西风美雨"，在1949年之前，是新气象、新风尚与欣欣向荣的。而在1949年之后，难免要风停雨住、人走茶凉了。等到两位在美国再会时，已是由海归变做了"海不归"——无家可归的海外游子了。

屈就普林斯顿大学葛思德东方图书馆馆长一职的胡适，仍旧一如既往地鼓吹自由主义；而其治学旨趣与学术成就，也还在海外学者圈子里产生影响力。挂靠哈佛东亚语文系的洪业，则远没有那么幸运，他在校期间指导博士无数，但直至退休,也未获得正式教授资格。无论幸与不幸,在“海不归”期间,这两位民国世界中的老弄潮儿,才终于有了些许交集。

1954年10月15日,燕京大学创办者、曾任美国驻华大使司徒雷登的《在华五十年》(My Fifty Years in China)由美国纽约兰登出版社正式出版。二战以后担任过中国内战国共冲突调停人,并任美国国务卿的乔治·马歇尔为此书作序,在美国的胡适则为之作引言。胡适在引言中特别提到了洪业,并给予了很高的评价。原文如下:

> 我要对燕京的一些中国学者致以敬意;特别是洪业博士(William Hung,洪煨莲)有特殊的功绩,在燕京建立了一个非常优异的中国图书馆;他们编辑出版了优等的《燕京中国研究杂志》,和那个非常有用的系列——《哈佛燕京中国学索引系列》。

这段文字,可以看做是胡适对洪业的首次公开致意,这也在事实上成为胡、洪二人晚年短暂交谊的一个亮点。1954年10月11日,在致洪业、杨联升的信中,在这封信的末尾,胡适特意写了一段加括弧的“附语”——

> 煨莲兄收到司徒雷登的《自传》否?我因为他书

中不提及你,故于序中特别提及你,以表敬意。

应当说,胡适在该书即将出版之际,向洪业通报了他所撰写的这个引言——这个通报是有相当程度的示好成分在里边的。试想在当时流寓美国的民国学者,能在胡适为司徒雷登自传所作引言中被提及,并予以高度评价,这不仅仅是一种圈子里的褒扬,更是一种生存环境上的无形帮助。胡适晚年就自己流寓美国时的生存境遇也曾感慨说:

> 国家倒楣的时候,等于青山不在;青山不在的时候,就是吃自己的饭,说自己的话,都不是容易的事情。

此时在美国朝野举荐或帮助中国学者,也是胡适的日常生活内容之一,说到底,在海外求生存也罢,求发展也罢,中国学者之间必定是需要互相扶持与帮助的。遗憾的是,我们至今未能看到洪业的回信,是原件遗失还是根本就未曾回信,不得而知。

那么,再回过头来看看,这封唯一留存下来的胡适致洪业信件中,究竟透露了二者可能有过的怎样的交谊。这封信是对1954年10月1日,洪业与杨联升在读完胡适《赵一清与全祖望辨别经注的通则》一文后提出若干意见的答复与回应。这封信，实际上是一场围绕胡适晚年用力最深的“《水经注》案”所展开的激烈讨论，胡适主要针对洪业的意见予以回应，并明确表示不认可其观点。整封信就全祖望是否抄袭赵一清《水经注》校本，是否借赵氏手稿未曾归还，是否谎称曾通览过《水经注》多种善本，是否假托四代先祖汇校《水经注》等一系列疑案，来验证全祖望在为人与治学方面忠厚与否。胡适得出的结论是，全祖望虽聪明绝顶、禀赋过人，但他的确有抄袭、有抵赖、有假托、有撒谎，甚至还有反咬一口的栽赃，正是他一手策划与设置了后世《水经注》版本研究中的种种障碍。胡适在信中提到：

> 煨莲兄说的，“谢山（全祖望，字谢山）的为人为学，想当不至于糟到存心护短，有意撒谎”。我岂不曾作此想？我费了十年工夫，为戴东原、赵东潜辨冤白谤，岂可回过头来诬谤谢山先生的为人治学不忠厚？但我在十年中积下了几百条无可疑的证据，使我对谢山不能不怀疑他的为人与为学。我深知控诉谢山的为人与为学，是应该十分慎重考虑的事。所以我极欢迎两兄的“反响”！但我的控诉是有根据的。

胡适十年苦功的“《水经注》案”研究，自然是积累了大量确凿的证据，系统梳理了大量一二手史料，从这封信中所罗列的大量稀见史料，及在此基础之上的缜密推理来看，确有不可驳倒的底气。而从洪业对前辈学者的道德水准揣测来看，更重常情，确非至理。胡适恪守的信条——“做学问要在不疑处有疑，待人要在有疑处不疑”，在洪业这里，得不到彻底的认同与完全的认可。从胡适在信中的回应来看，洪业没有去找过多的史料证据，也没有过多的论证，只是以人之常情为大前提，再通过一些并非“证伪”而更倾向于“证真”的不充分论据，得出一个合乎常理的结论。这样的结论，在胡适这里，尤其是在关于“《水经注》案”的研讨中，当然也是得不到认可的。

看来，人格性情上的契合，才是人生交谊的基础。无论学者名流与否，无论天涯海角与否，学术方法、观念上在某个历史阶段上的契合，并不一定就能滋生友谊。后世研究者概括出的所谓“历史大势”、“学术阵营”之类，往往是由许多偶然性与想当然的因素组装而成；套在这个假想概念框架中的人物，并不一定就有想象中的那种或敌意或友善的截然两立。在“新国学”运动的“历史大势”中，洪业及其“引得”之学，看似胡适的同路人；而在洪业归国，至 1949 年之前的 26 年间，却与以胡适为首的“学术阵营”形同陌路。1949 年之后，同为流寓美国的民国知识精英，两个“海不归”原本应当“同是天涯沦落人”，按人之常情理应有惺惺之谊，除了胡适主动示好的那则引言，却又因“《水经注》案”研讨多少有些不谐的回信之外，确也着实找不到更为亲密的证据。

1962年2月24日晚6时35分，胡适在台湾“中央研究院”欢迎任之恭、梅贻琦等七位新院士的酒会上突发心脏病，经抢救无效，溘然长逝。在当年《清华学报》新三卷第一期中刊载的洪业所撰《再论臣瓒》一文中，也和胡适当年那封长信中附言一样，在文章末尾，加上了一段简短的附言：

> 台北寄到校样，而适之先生亦已长逝矣。一弹之间，山颓梁坏。存没呜呼，不禁泪下。壬寅清明后五日夜半，业校毕附记。

题外：胡适曾为洪业题词

1962年、1980年，胡适与洪业的相继逝世，似乎为他们这一段欲说已休的短暂交谊画上了明确的句号。无论二人生前的交谊圆满与否，也无论这段交谊是否仍有生搬硬套，非得进入近代学术史的必要，逝者已逝，尘埃毕竟已落定。

但新近发现的一幅胡适题词，似乎又将重启我们对胡、洪二人交谊的研究兴致。这是一份夹藏在《读史年表附引得》特刊中的胡适题词，书的质地并不算精良，有民国熟料纸特征的一张毛边纸页之上。题词曰：

这是洪业君的读史发明。量度中国两千年古史要这样的科学方法。

胡适(钤印)

这样一份题词,既不像是直接送给洪业的赞辞(没有题赠上款),也不像是胡适自己藏书的笔记(没有必要用毛笔题写这样大幅纸页);倒更像是为某出版物预备的题词。众所周知,胡适在各类民国出版物中曾留有大量题词手迹,一来是因他自己乐于助人、待人友善,对题词之请往往来者不拒;二来是一些出版商也看重他的名誉,视他的题词为书籍销量的保障,往往也多有请题。那么,这样一幅新发现的胡适题词,当年有可能是为《读史年表附引得》一书所题吗?为什么又最终没有发表出来?《读史年表附引得》的巨硕开本不便于普通读者购读,胡适是否曾试图将其缩印改制,为另行出版而特备了这一幅题词?未能发表的原因是洪业没有采纳,还是出版方另有考虑?

这一系列疑问,头绪纷繁,一时无从考索。或许,胡适与包括洪业在内的众多民国学者之交谊,都是可以重新编制一部“引得”特刊的罢。在这部大书编成之前,我们都还只是这些东鳞西爪的旁观者而已,哪里谈得上什么结论与公论?

胡适晚年存照，寓居美国期间研读古籍。

《读史年表附引得》，书中所附“干支纪元标尺”。

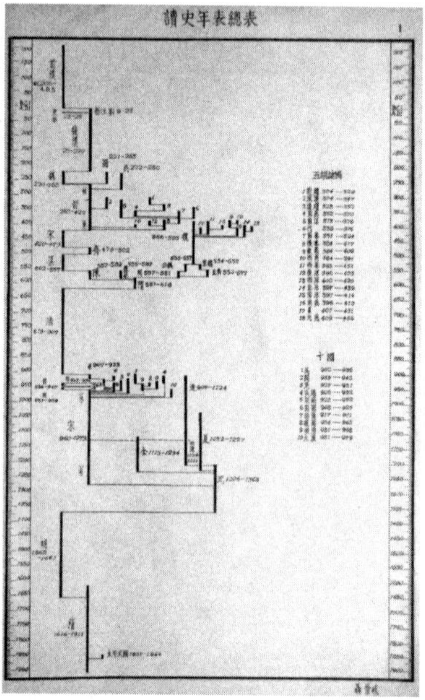

《读史年表附引得》内页，中国古史两千年总表。

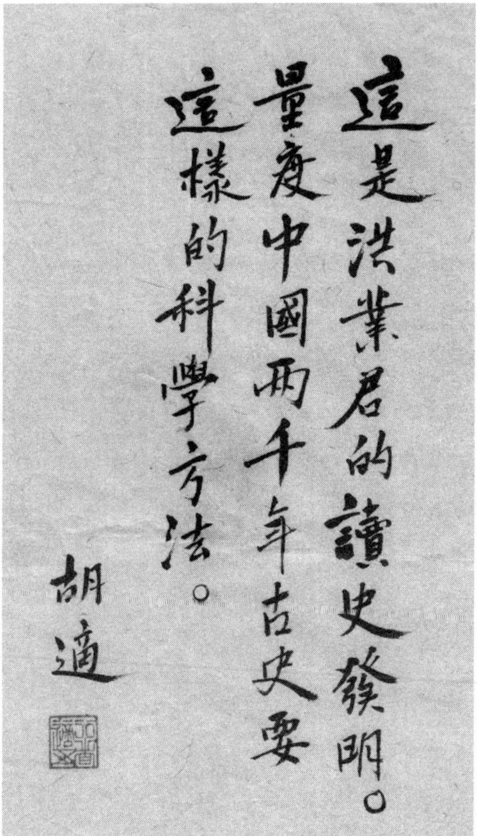

新近发现的胡适为洪业所作题词

胡适与马叙伦的“抄袭门”

小引·字书与抄袭

钱穆的《庄子纂笺》声名远播，深得学界赞赏。这部书，几乎囊括了古今中外读庄子的能人心得之大全，他开列的引用书目中，从老子到日本人武内义雄，几乎两千年间所有曾写过“庄子心得”的人，凡是他比较认可的，都位列其中。其中，民国学者马叙伦名列其中，他所著的《庄子义证》名列此书征引民国专著榜首，但钱氏的评语却有点不是滋味，曰：“此书虽云解庄，实解字耳。”

这样看来，马叙伦可能是民国学者中，读庄子读得最“老实”的一个。把庄子当做字典来读，一个字一个字去辨析，把庄子做成了小学功夫。其实，马叙伦的读书法，正是民国读书界的又一潮流之一，虽然这一潮流曾深为胡适诟病（认为其为清代经学遗风，是食古不化的“国粹”派），但却顽强地延续至今。其实，这种读法并不是普通读者能够企及的读法，这种读法的专业性与技术性，至少需要“双学位”的资历，一是古汉语研究学位；一是古文字学研究学位。现在，这种需要“双学位”的读法本身，即是所谓“国学”。

当然，在民国，“国学”并不稀罕，满大街都是大师、教授，恐怕街边报摊老板都是上过私塾、读过四书五经的斯文人哩。所以马叙伦读庄子的“老实”方法，着实是笨办法，当然比不上那些能将庄子和无政府主义、柏格森主义、进化论啥的扯在一起的人聪明机灵，于是“遗老”之诟、“字书”之诮是无可避免的了。但是比这更糟的评价，还在后边。

1919 年 1 月，马叙伦的学生傅斯年、罗家伦等创办《新潮》杂志。创刊号上刊出一篇文章《马叙伦著〈庄子札记〉》，公开揭露马叙伦的学问靠不住，即使是做“字书”似的笨办法，居然也还有抄袭行为。文章明确指出：

> 先生书中，有自居创获之见，实则攘自他人，而不言所自来者。例如，卷十八，五至八页，释“种有几……万物皆出于机，皆入于机”一节，所有胜义，皆取自胡适之先生《中国哲学史大纲》第九篇第一章七八两页。……考前人未有为此说者，胡先生此讲义，印于去冬，马先生《庄子札记》，刊于今夏。同教一堂，不得云未见，见而不言所自来，似为贤者所不取也。

文章作者傅斯年，《新潮》杂志主编，在创刊号上发这么一篇揭老师老底的文章,只能说明两点。一是证据确凿、不容辩驳,摆明了就是要造老师的反;二是道不同不相与谋,从此再无师生之谊。姑且不论傅斯年所代表的“新史学派”如何如何高明聪明,着实不可能再与北大这帮“国粹”遗老们委曲求全;单单是第一点,想来马叙伦的确是犯了学术大忌,抄袭一事是脱不了干系了。那么事实怎样?事情的后续发展又如何呢?

文中提到的胡适名著《中国哲学史大纲》,商务印书馆的初版时间是 1919 年 2 月,也即是傅文刊出之后一个月才面世。傅文所指的这部书当是北大内部印行的讲义,而非商务版。而马叙伦的《庄子札记》没有正式对外出版过,只是作为讲义,由北京大学内部出版。可见,《庄子札记》抄袭《中国哲学史大纲》的问题,属于内部讲义之间的抄袭,与公开出版物无涉。

按照傅氏的说法(傅文写于 1918 年 11 月),《中国哲学史大纲》曾于 1917 年冬、《庄子札记》曾于 1918 年夏在北京大学内部出版。但按照通行文献及胡适年谱来参看,1917 年 7 月自美国结束学业归国;8 月始任北京大学教授的胡适,于当年冬即印行《中国哲学史大纲》讲义的可能性不大。当年 12 月,胡适还曾回安徽绩溪与江冬秀完婚,并参与到《新青年》杂志的编辑工作,在这么短的时间内写定《中国哲学史大纲》,还要出版是不可思议的。通行的说法是,胡适的“大纲”写定于

1918年9月,次年2月即交由商务印书馆初版发行。

傅氏提供的讲义出版时间可能有误,至少目前尚无讲义本原物可以验证——这种内部出版物极不易寻,笔者至今未能搜寻到胡、马二人的这两部讲义稿。退而求其次,傅氏作于12月3日的"附识"说明称:

> 此评作于一月以前,今日之《北京大学日刊》,载有马先生启事云:"《庄子札记》现改为《庄子义证》。"

似乎可以通过《庄子义证》一书来查寻抄袭的证据。遗憾的是,直到1930年9月,《庄子义证》写定,交由商务印书馆初版时,全书的确已纯然如钱穆所说的"字书"了,偏重于字词训诂、校释的这部庄学著述,几乎看不到任何关于章句的义理发明与发挥,更不用说胡适的那一套"进化论"理论了。

出于好奇,笔者仔细翻阅过此书可能涉及"抄袭"的地方。那句傅文中明确提到的"万物皆出于机,皆入于机"之后居然空白无一字,这本身确也不合乎常理。从该书体例上讲,既是偏重于字词训诂,不可能这么一句关乎"外篇至乐第十八"总义的归纳语,竟没有一字一词的说明解释。这处傅氏言之凿凿的抄袭证据,就这样以空白的形式给抹煞掉了。但疑点是明摆着的,马叙伦的确涉嫌抄袭。

事实上,从傅氏揭出抄袭公案以来,马叙伦的沉默就让人揣测不已。迅即改版本身,也多少有点"此地无银三百两"的心虚。改版后的著作,在曾涉嫌抄袭的语句处竟以空白处理,则已近乎不打自招了。那么,马叙伦为什么会抄袭胡适的学术观点呢?又为什么会以一位"国粹"遗老的身份,去抄袭什么摩登海归的"进化论"呢?

一句话,都是"时髦"惹的祸。

胡适有多时髦?

胡适的庄子读法有多时髦?翻一翻那半部《中国哲学史大纲》就一目了然。这部只出版了上卷的哲学史,与马叙伦《庄子义证》中个别字句完全不注释的留白方式有异曲同工之妙。一个是旧学基础不够扎实,但却善于用西学方法打通国学门径的海归少壮;一个是绝不再赶时髦,坚决回归传统的旧派遗老;各自在学术上的难言之隐,最终都透过自己未完成或已改版的著述转达出来。

《大纲》中的"庄子"篇分为两章,其中之一就是"庄子时代的生物进化论"。也就是说,胡适认为庄子思想的主要成分就是生物进化论。胡适的论点,提炼于《庄子·秋水篇》中这么一句话:

> 物之生也,若骤若驰,无动而不变,无时而不移。何为乎?何不为乎?夫固将自化。

他评论说：“‘自化’二字，是《庄子》生物进化论的大旨。”在《庄子·寓言篇》中还有这么十一个字：“万物皆种也，以不同形相禅。”他指出：

> 这十一个字竟是一篇“物种由来”。他说万物本来同是一类，后来才渐渐的变成各种“不同形”的物类。却又不是一起首就同时变成了各种物类。这些物类都是一代一代的进化出来的，所以说“以不同形相禅”。

最后，胡适在先摩登后批判的惯用学术技法中，给庄子来了一个总结，他判定：“《庄子》的进化论只认得被动的适合，却不去理会那更重要的自动的适合”，因此是“完全被动的、天然的进化论。”

胡适的学术策略是相当迎合时代潮流的，自晚清严复《天演论》译介以来，国人的进化论思潮薪火相传，一直延绵不绝。之后，达尔文的生物进化论、柏格森的生命进化论等再添一把火，摩登学术风尚中几乎非“进化”不谈。利用这股“进化论”的新鲜劲和热乎劲，再加上自康有为从旧学传统里拼死搞出来的“新学伪经考”时尚，“进化论”＋“疑古”，再稍稍调和一点“实用主义”的借古讽今功能，胡适这匆匆赶完的半部哲学史，简直就应了那句“半部论语治天下”的老话，成为震烁古今的经典名著。胡博士的这半部哲学史,无论是其学术策略,还是文化影响力,也足以成为当时代治理学术界的“论语”了罢。

新学旗手的“论语”出来了,总得给那帮还在甲骨文、先秦文献、古佛经里摆弄文字考证的旧学阵营派送几册才好。当然,首选是旧学旗手章太炎。《中国哲学史大纲》出版之后,胡适迅即寄了一本给章太炎。章氏在回信中不仅“破例”使用白话,而且加上了标点符号(原文全部是句号,书名号、引号为笔者后加),调侃的意味十足:

> 适之你看。接到《中国哲学史大纲》。尽有见解。但诸子学术。本不容易了然。总要看他的宗旨所在。才得不错。如但看一句两句好处。这都是断章取义的所为。不尽关系他的本意。仍望百尺竿头再进一步。
>
> 庄子说的“万物皆种也”你看作《易传》说的“大哉乾元。万物资始”。又说“首出庶物”这是万物一元的话。后来又说“群龙无首。天德不可为首也”。却是无尽缘起的话。自说自破。庄子也曾说一元的话,只“万物皆种也”一段。就说无尽缘起的话。仿佛佛家由阿赖耶缘起。如来藏缘起。转入无尽缘起。
>
> 万物一元。其实尚差。他不说万物同种。却说

万物皆种。明是彼此更互为种。所以下边说“始卒若环。莫得其伦”。这就是华严“无尽缘起”的道理。若万物一元的话。古今中外。大概不异。只是所指的元不同。却不是庄子的意。你要细看。

章炳麟　三月廿七日

后来，梁启超也评论说：

胡先生讲的庄子，我也不甚佩服。……《寓言篇》‘万物皆种也，以不同形相禅’这两句，章太炎先生拿佛家“业力流注”的意义来解释，胡先生拿生物进化的意义来解释，我想还是章先生说得对。章先生的名著《齐物论释》用唯识解庄子，虽然有些比附太过，却是这个门庭里出来的东西；胡先生拿出唯物观的眼光看庄子，只怕全不是那回事了（梁启超《评胡适之〈中国哲学史大纲〉》）。

在旧学阵营的吹毛求疵中，本就瑕疵不少的《中国哲学史大纲》，纤毫毕现地暴露出那个时代赶时髦的种种弊端。而 28 岁的海归少壮胡适，在“欧风美雨”中呼风唤雨的神通，也着实在与旧学阵营的“差异化竞争”中抢占了先机，拔得了头筹。无可否认，在这一场“淫雨霏霏”之中，旧学阵营中的不屑者、讥嘲者不少，研讨者、辩论者亦不少，而心动者、辗转难眠者恐怕也不在少数罢。即便对于章太炎与梁启超而言，胡适有多时髦，也并不是一个伪命题。

赶时髦的风险

1918 年 11 月、12 月，《东方杂志》第十五卷十一期、十二期连续刊载出胡适的《庄子哲学浅释》。这实际上是胡适从《中国哲学史大纲》写定稿中抽出的第九篇“庄子”部分，他将其删改一番，并加了一段前言之后，就拿去杂志发表了。

该文前言曰：

> 从来的人，只因把庄子的哲学看得太神秘玄妙了，所以不能懂得庄子。依我个人看来，庄子的学说其实并没有什么十分玄妙神秘之处。所以我这篇述庄子的文字便叫做“浅释”，不但要用浅近的文字去讲庄子的哲学，并且要使人知道庄子的哲学只是粗浅的寻常道理。

这个前言，不但是胡适研究庄子的方法论，更是他眼中整部中国哲学史的一个基本价值取向。胡适不但反对“故弄玄虚”，而且身体力行，反其道而行之，要力求把中国的传统文化搞成“不过如此”，把深奥的东西浅薄化。在美国的生活经历，在“实用主义”的熏陶下成长起来的海归少壮们，岂止胡适，大多皆是这种做派的。

他们将精英文化与普罗大众紧密联系起来，自己仍然是“精英”，但“精英”的思想与号召，要让普罗大众都能听得懂、学得会、跟得上；这样一来，“精英”就会更加“精英”，“精英”就会永远“精英”下去。这样的策略，在民国伊始的文化大幕下，当然是与时俱进的，当然是时髦摩登的，当然也是会大热流行的。《中国哲学史大纲》出版后三年内再版七次之多，一本枯燥的学术史著述成为比小说还畅销的大众读物，这一事件本身就是“实用主义”精英们活学活用的结果。

当然，研究庄子是否就只有胡博士这一种路径，是否就是市场正确决定学术正确？答案当然是否定的。胡适是“百家讲坛型”学者，但绝不是所有学者都得上讲坛去，也不是所有学者都认同讲坛学术。马叙伦显然就不属于这样的讲坛型学者，他的学术路径仍旧是传统国学，仍就是一板一眼，上溯三皇五帝、下考四书六经的穷经皓首型学术方法。这种学术精神与学术方法自清代成形以来，一直代表着学术主流方向。

但事实上，“五四”前后的北京大学，学术阵营中的主流与非主流开始裂变，已并非全然的“新不如旧”，而颇有点“古色今香”的味道了。旧学、新学两大流派各有各的强处，也各有各的难处。

旧学主力是章门弟子，即章太炎门下的弟子，有陈大齐、康宝忠、朱希祖、黄侃、钱玄同、鲁迅、周作人、马裕藻、朱蓬仙、沈兼士、刘文典之众，蔚然成风，势力颇大，实际掌舵人则是沈尹默(挂了太炎先生门生的招牌，心思深沉，被人称为“鬼谷子”)和马裕藻。尽管章门弟子在赶走前北大校长严复手下的“桐城派”上高度一致，但他们的内部也分左中右三派，积怨颇深。游走其间的马叙伦就将其称之为“矛戈森立”之势，来形容其中的纠葛与矛盾。

新学主力是以胡适、陶孟和、傅斯年、罗家伦等为首的“英美派”，胡适在新文化运动中大红大紫，但当时资历尚欠，植党未深，实力尚不能与章门弟子相抗衡；新学阵营次主力是以李石曾为首的“留法派”，在五四运动前后尚未发力，但显然和新学主力阵营仍有高度默契，有矛盾至少也只属于人民内部矛盾，是可以协调沟通的。

而夹在新学与旧学主力阵营之间的，还有一派则比较神秘，让人难以捉摸。这个神秘学派被胡适称为“温州学派”，其代表人物正是汤尔和和马叙伦，他们同是温州大学者陈介石在养正学堂的弟子，互称兄弟，结契甚深。而汤尔和虽受蔡元培倚重、善用权谋，但并不是北大教授。而在北大授课的马叙伦人脉很广，和章门弟子中的许多人关系亲密，又曾多次参与民国初年的政治运动，因此在北大许多重大事务上颇具影响力。

马叙伦是有旧学基础的学者,但又绝不是甘于寂寞的书斋学者。他具有讲坛型学者的潜力,更拥有一定的校方事务决策权。这可能也正是傅斯年、胡适等人的标枪投掷目标的抉择取向。马氏本人也的确不是一个顽固不化的守旧者,对西方学术的涉猎,可能在一段时期内也曾对其旧学基础有过触动。但老当益壮毕竟不是年富力强,没有站在西方学术前沿的旧派学者,在书斋里只能通过辗转译介的各类资料,对理论架构进行各式各样闭门造车式的想象。马氏在庄子研究中的“新尝试”,可能就正是看到胡适那本尚未公开出版的讲义稿本之后,怦然心动之后的失态之举。

偏偏这个时候,马叙伦的《庄子札记》撞到了傅斯年的枪口上。《新潮》的创刊亮点,新学阵营的祭旗首选,看似偶然,实则必然地选择了拿马叙伦开刀——这位当时学术功底还稍显薄弱的中年学者,这位当时还在新旧两个阵营之间左右摇摆、举棋不定的中间派人物。而对于别的老先生、老主流们,新学阵营的摩登青年们还只能稍安勿躁、静观其变。

当然,马叙伦的“抄袭门”事件成就了傅斯年的祭旗,也就意味着马氏本人还将背负旧学一派“斯文败类”的罪责。两头不讨巧的他左右为难,只得坚决退守到自己的老本行——旧学派传统中的训诂学术中去了。改版之后的《庄子义证》全然没有了“进化论”之类的时髦新说,完全回归到训诂校释的旧学传统中去;痛定思痛之后与摩登学术彻底划清界限,不仅仅是学术方法上的自我检讨所致,更有学术阵营中的重申立场之意。虽然后来又招致了钱穆的“字书”之诮,调侃之余亦是一种承认与确认,即马氏确乎是有一定国学功底的,确乎是旧学遗老而非新学附逆。

至于后来马氏全然投身于政治运动之种种微妙缘由,或是出于对学术生涯的失望,或是出于对这段往事的不堪回首,凡此种种,则已不在讨论之列。仍然是那一句话,都是时髦惹的祸。

时髦与政治的因缘

1958 年,胡适终于在《〈中国古代哲学史〉台北版自记》中承认,讲庄子是全书最脆弱的一章,“是一个年轻人的谬妄议论”。他公开向达尔文道歉,说自己“真是辱没了《物种由来》那部不朽的大著作了”。

尽管如此,40 年前的马叙伦看到胡适的讲义稿时,却并非是以旧学学究眼光或是现代科学主义眼光来看待的。他看重的是其中能征服青年学生的新学内容,即使明知有问题,但毕竟是时髦的、易于受欢迎的。本就不完全算作旧学学派的他,接受这些时髦学术,原本也是无可无不可的。“抄袭门”之后 40 年,我们看到了一本马叙伦的“新著”《庄子天下篇述义》,又再一次看到了他的赶时髦力度。

完全有理由相信，这部“新著”实际上是旧著新版，可能正是40年前《庄子札记》之一部分改头换面而成。据说，马氏在北大讲授老庄哲学时所作的《庄子札记》成八至二十二卷，从《庄子》一书的“骈拇第八”始，至“知北游第二十二”止，共十五篇。马氏的这一讲授顺序本来就颇有讲究，至少说明两点，一是他不认为学界公认的《庄子》外篇第八至第二十二共十五篇是“伪书”，二是他认为通过外篇内容来理解内篇精神也是研究庄子的一个新途径。无论如何，这在《庄子》研读中也属方法创新之一种。

整部札记的基调是“以佛释庄”，即以佛学理论解释庄子思想。这在历代解庄者中倒未必有多新鲜，但从外篇而非内篇着手以佛解庄，则还算是一个新的学术视野。未几，“抄袭门”起，马叙伦迅即将《庄子札记》改版为《庄子义证》时，仍然希望延续这一创新型的学术研究思路。于是他又先写成了《庄子天下篇义证》一卷，其用意是对《庄子》的最后一篇“天下篇”的义理阐释作总提纲，继续用以佛解庄的思路贯穿于《庄子》内、外、杂篇三个部分，并在此基础之上最终完成整部《庄子义证》。

当然，在写完《庄子天下篇义证》之后，可能是马叙伦突然觉得“以佛解庄”的总思路无法在剩余篇章中得到实证；也可能是受“抄袭门”的影响，需要从自己更为熟悉的文字训诂方面证实自己的学识，总之，在各种复杂的内外界因素影响下，马叙伦又坚决抛弃了《庄子札记》中原有的以佛解庄思路，将整部《庄子义证》彻彻底底地改变体例，仅释证文字，不涉义理。这样一来，《庄子义证》完全回归到旧学传统，虽然没有了“抄袭”污点，也放弃了不能胜任的“以佛解庄”之学术思路，但也因之不再有任何的创新成分，也因之成了钱穆眼中的“字书”。

在由创新回归传统的学术策略之下，《庄子天下篇义证》只能是一部链接《庄子札记》与《庄子义证》之间的过渡性学术作品，因篇幅不大，且马叙伦本人也可能觉得尚不成熟，遂束之高阁。到1930年《庄子义证》初版之际，《天下篇义证》即成为一篇永无发表可能的论文，甚至连马氏自印的著述丛书《天马山房丛著》中都没有收录进去。

直到1958年，胡适在台北对自己当年轻率的学术策略有所反思，为自己将庄子思想与达尔文进化论联系在一起表示歉意之际，马叙伦的这篇尘封已久的旧文改头换面，以《庄子天下篇述义》为名，加上一篇“庄子年表”的附录，由龙门联合书局首次出版发行。这又意味着什么呢？难道在1949年之后的学术环境中，“以佛解庄”的学术策略又时髦起来，竟然可以大行其道？难道马叙伦此时又想翻“抄袭门”、“字书”的旧案，重新回到当年所走的“时髦”道路上去？

马氏分别于1956、1957年写的两篇序言似乎向读者道出原委，即为什么要重新出版这部当年的过渡性学术作品。序言一曰：

> 我写这篇文章，是由研究庄子认识到庄子虽然有三十三篇，仅仅只有内七篇确实是庄子自己写的，外篇就不敢随便下断语了；至于杂篇，除天下篇外前人都说不是庄子自己的作品，我完全同意这个论断。至于天下篇，我认为是作一个时代的学术的结论，可能也是庄子写的。我们如果说不是庄子写的，很难找出另外一个人有这样精通一个时代的学术，更有这样的大手笔。如果作为庄子写的自序，那是天衣无缝了。另外一面，我很难解，在春秋末战国初，除老子外又有这样一种思想。这种思想，以我的研究，认为完全和佛家相同。这是偶然的吗？还是确有因缘？这待别人来作定论吧。

序言一简明扼要，说明了马氏此时对《庄子》的重新判断，即只有内七篇为庄子原书，别的外篇、杂篇几乎都是“伪书”，“天下篇”可能是这些“伪书”中的一个例外。这个观点又完全推翻了他在近30年前，花费12年时间写成的《庄子义证》以及在此之前《庄子札记》的观点。这样看起来，这部当年的过渡性学术作品忽然一夜之间，成为马叙伦庄子研究的最重要成果，诚如马氏自况，读者也有同样迷惑：这是偶然的吗？

还是确有因缘？

序言二则开宗明义，第一句话即第一义，曰："庄子学说，似受印度哲学之影响颇深。"之后以五倍于"序言一"的篇幅阐述了为什么庄子学说与印度哲学有关联，仅此而已。看来，"以佛解庄"的思路的确将贯穿全文，成为马氏研读庄子的核心思想。难道，马氏真要重新捡拾起"以佛解庄"的法宝，要一雪"抄袭门"之下的《庄子札记》前耻遗恨？

奇特的是，进入正文部分之后，除了唐宋元明清诸前贤论点的广征博引之外，我们意外地发现了"胡适"的名字。经统计，"胡适"条目的征引竟达二十处之多。而在将胡适与历代前贤的观点集中之后，作为辨析者的马叙伦并非一味地批驳胡适，而是褒贬参半，力求客观。

这是自"抄袭门"之后40年，马叙伦学术著作中第一次提到"胡适"，也是相当高频率地提到胡适学术观点，《庄子天下篇述义》的学术特点恐怕正在于此，还不仅仅是在于"以佛解庄"的学术旨趣而已。反观1958年马叙伦的生活及思想脉络，之所以重提胡适的微妙原因及其意味，渐次浮现出来。

1949年10月1日，马叙伦参加了中华人民共和国开国大典。同年11月1日，马叙伦出任新中国首任教育部长。但自1957年以后，他一直卧病在床。1958年6月5日，他写下了这样的话：

我们只有跟着共产党走，才是在正道上行，才有良好的结果，否则根本上就错了。

从这一年开始，可能是出于对自己病情的不乐观，也可能是希望在有生之年总结一下自己的学术生涯，马叙伦开始整理和出版自己认为比较重要的著述，这其中当然就有令他又爱又恨的庄子研究相关著述。《马叙伦学术论文集》于这年1月出版，几乎完全囊括了他的文字学研究成果；而另一个重要出版物的抉择，除了文字学研究方向，则只能是庄子研究类著述。马氏并没有选择重新再版《庄子义证》，而选择出版《庄子天下篇述义》，这是偶然的吗？还是确有因缘？

选择出版《庄子天下篇述义》，极可能就是把当年那篇尘封已久的《庄子天下篇义证》，书名做略微改动之后，再加上两篇深思熟虑之后并不触及政治底线的新序言，甚至在序言中还有“中印友好”的历史伏笔存在，当然得以顺利出版。涉及到胡适的内容却并没有删除，而且占据显著位置(可能还有新增内容)，这又是为什么呢？看看胡适本人当时的生涯履历，或可参考作此疑问的答案罢。

1949之后：过河卒子胡适之

胡适当然没有马叙伦这么幸运，这个民国时代的摩登学者，在政治哲学的领域中，此时几乎一败涂地。1949年之后

的胡适,开始了近十年的流亡生涯。据《胡适之先生年谱长编初稿》记载:

> 1949 年 4 月 6 日胡适应中华民国政府要求,从上海搭威尔逊轮船前往美国当说客,为和平解决内战问题寻求美方的介入,但 4 月 21 日船抵旧金山,得知 4 月 19 日政府拒绝中共 24 项要求,中共已渡江,此时局势已定,胡适在美处处碰壁,孤臣已无力可回天。1949 年 6 月 19 日,新任行政院长阎锡山发表胡适为外交部长,但胡适拒绝上任。

美国方面,却也在 1949 年之后开始“争取”胡适。不过,美方的争取与国民党方面是完全反向的“博弈”。据载:

> 1950 年 6 月 23 日主管亚太事务的美国助理国务卿鲁斯克(Dean Rusk)约见胡适,试图说服胡适出面领导流亡海外及台湾的反共亲美的人士,以取代蒋中正的政权,不过胡适对此表示全无兴趣。当时美国对蒋完全丧失信心,希望建立第三势力以对抗共党扩张,因胡适无此兴趣而不了了之。(详见前《中国时报》总编辑黄清龙所撰《胡适与蒋介石、毛泽东》)

> 1952年，胡适和蒋廷黻在纽约曾有意联合组织反对党以在台湾推行民主政治，但在胡适返台与蒋中正讨论后，遭到蒋中正的反对，以致组党的事胎死腹中。（详见唐德刚《胡适杂忆》）

在此之后，他于1950年代初期，偶尔也回到台湾参与政治活动与讲学。例如：以“国大代表”身份参与“总统”选举投票、担任“光复大陆设计研究委员会”副主任委员，及协办由雷震主笔的《自由中国》杂志等等。1957年，胡适当选“中华民国”最高研究机构“中央研究院”院长，并于1958年4月回到台湾定居就任。

这十年间，胡适多次往返台、美两地。可以揣测的是，除了台湾和美国方面，中国大陆方面肯定还会有某种微妙意图，无论好说歹说，横说竖说，争取胡博士回归中华人民共和国怀抱也不是没有可能。这十年间，虽然胡适还依旧生活在民国纪年中，共和国纪年中却也多次勾勒出他的名字。1949年8月14日，毛泽东为新华社撰写《丢掉幻想，准备斗争》一文，首次点名胡适、傅斯年和钱穆，指斥他们顽固不化，是被“帝国主义及其走狗中国反动政府”所控制的极少数知识分子的代表。1950年9月22日，胡适留在北京的小儿子胡思杜的文章《对我父亲——胡适的批判》在香港《大公报》发表，揭开了共和国从争取胡适到批判胡适的序幕。这篇文章是胡思杜在华北人民革命大学学习的思想总结。胡思杜在文中表达了“劝归”之意，说：

> 只要向人民低头，回到人民怀抱里来，人民是会原谅他的错误，并给以自新之路的。

胡适在美国读到了儿子的文章，却未作任何表态，只是将这份《大公报》的剪报粘贴在自己的日记里。

之后不久，据李泽厚发表在《哲学研究》创刊号（1955 年 4 月）上的“全国广泛展开批判资产阶级唯心主义，宣传马克思主义唯物主义的斗争”一文中称，1954 年底，北京率先组织了所谓的“胡适思想批判讨论工作委员会”，上海、长春、江苏等省、市也相继成立了同样性质的机构，组织和领导了科学工作者、教授、作家以及其他文化学术工作者参加了讨论。而就在这期杂志上，除了艾思奇等人批判胡适的文章之外，还发表了冯友兰的“哲学史与政治——论胡适哲学史工作和他底反动的政治路线的联系”，在这篇长达 14 页的文章中，全面否定了胡适的学术成就与政治主张，同时也做了“殊途同归”式的自我批评，可见当年的批判胡适运动之激烈与扩大化趋势，让冯氏也颇感自危。《哲学研究》第二期，更发表了金岳霖的“批判实用主义者杜威的世界观”，从更为“专业”的角度提出“为了肃清胡适派底资产阶级哲学对我们的影响，我们要彻底地批判他的方法论”。而同期发表的冯友兰“两种反动思想支配下的文化论——从批判胡适到自我批评”一文，在长达17页的篇幅中，除了继续“深入”批判胡适之外，更是将自我批评的内容“放大”——冯氏的自我危机感，也从侧面反映出这场运动的扩大化正在加剧中。

从1955年3月到1956年4月，三联书店陆续出版了《胡适思想批判》，这套丛书共八辑195万字，可谓“批胡大全”。通过港台的朋友，胡适看到了全部批判他的文字。据唐德刚回忆，胡适饶有兴趣地将那些文字一篇篇都看过，剪贴在自己的日记本上，胡适恐怕也是唯一一个看完《胡适思想批判》八辑全部文章的人。

但批判胡适运动的力度与强度，却随着运动的扩大化，开始转移与衰落下去。诚如冯友兰所预料的那样，那些与胡适曾生活在一个国度中的、后来又留在大陆的知识分子，开始人人自危起来。就在《哲学研究》第二期的“思想学术动态”栏目中，通讯员稿“批判资产阶级唯心主义思想斗争继续展开”中称，很明显，胡适反动思想的批判不能认为是已经够了，“要结束”了；实际上它正由轰轰烈烈的全面展开的阶段逐渐转入长期的细致的深入阶段。这样的断言，却也间接传达出一个信息——批判胡适运动实际上暂时告一段落。事实上，随着所谓“胡风反革命集团”与“梁漱溟反动思想”的出现，批判胡适运动成为一个运动模式，已经开始移置与套用到对这些知识分子的批判运动中去了。相形之下,批判胡适运动本身,的确开始有了一些暂时的停滞,中国国内甚至又开始有了一些争取胡适的姿态出现。1954 年到 1955 年轰轰烈烈"批判胡适"运动之后,中间就有三年时间不那么"轰轰烈烈"了。

1949 之后:徒劳无功马叙伦

在 1954 年到 1955 年的"批判胡适"运动之后,到 1959 年又开始兴起"清算胡适"运动,在作为中间段的三年间(1956—1958),共和国高层思索的恐怕还是"批判与清算"之后的理想结果——即争取胡适以"反动文人"总代表身份回归大陆,以此来宣告"蒋家王朝"的文化破产。

1958 年对马叙伦本人而言,整理自己一生学术著述固然重要,但代表大陆方面对远在美国的胡适作某种看似纯学术上的致意与暗示,当然更为重要。于是《庄子天下篇述义》这部书,可以在马叙伦"抄袭门"40 年之后悄然出版;尤为奇特的是,无论是从私讳角度还是公讳角度而言,马氏在此书中对"胡适"这个名字不但毫不讳言,甚至于屡屡提及。事实上,此书中"胡适"的名字竟出场二十次之多——这二十次出场竟还可以是在貌似纯粹学术交流的氛围中,对胡适学说竟没有任何政治上的负面评价。

当然,《庄子天下篇述义》在纯学术范围内,还算不得一流的庄学名著，也无法跟马叙伦先前的《庄子札记》、《庄子义证》相提并论。至于胡适看到过这部著作否，无从考据，也并不重要。“抄袭门”外，“天下篇”中，胡适与马叙伦的遭遇，都只是笔墨锋芒，纸上谈兵而已。而在 1949 年前后的中国政治语境中，无论是过河卒子胡适之，还是徒劳无功马叙伦，都不过是书生意气，自说自话罢了。

胡适晚年存照，1956年在美国纽约寓所存照。

《新潮》创刊号，北京大学1919年1月出版。

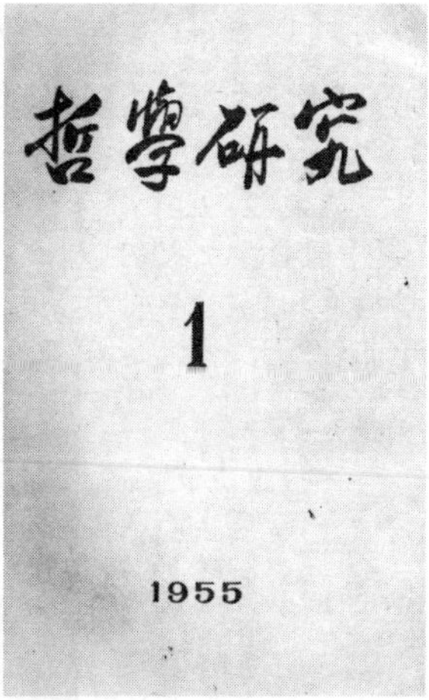

《哲学研究》创刊号（1955年4月），批判胡适运动在大陆学术界的首次结集。

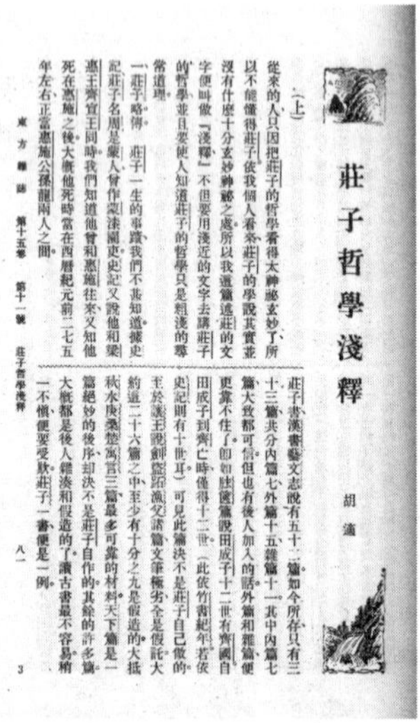

莊子哲學淺釋

胡適

（上）

從來的人只因把莊子的哲學看得太神祕玄妙了、所以不能懂得莊子。依我個人看來莊子的學說其實並沒有什麼十分玄妙神祕之處。所以我這篇述莊的文字便叫做『淺釋』不但要用淺近的文字去講莊子的哲學並且要使人知道莊子的哲學只是粗淺的尋常道理。

一、莊子略傳。 莊子一生的事蹟我們不甚知道。據史記莊子名周是蒙人曾作蒙漆園吏。史記又說他和梁惠王齊宣王同時。我們知道他曾和惠施往來、又知他死在惠施之後。大概他死時當在西曆紀元前二七五年左右、正當惠施公孫龍兩人之間。

莊子書、漢書藝文志說有五十二篇。如今所存只有三十三篇、共分內篇七、外篇十五、雜篇十一。其中內篇七篇、大致都可信。但也有後人加入的話。外篇和雜篇、便更靠不住了。即如胠篋篇說田成子十二世有齊國。自田成子到齊亡時、僅得十二世。（此依竹書紀年。若依史記、則有十世耳。）可見此篇決不是莊子自己做的。至於讓王說劍盜跖漁父諸篇文筆極劣、全是假託。大約這二十六篇之中、至少有十分之九是假造的。大抵秋水庚桑楚寓言三篇最多可靠的材料。天下篇是一篇絕妙的後序、卻決不是莊子自作的。其餘的許多篇大概都是後人雜湊和假造的了。讀古書最不容易稍一不慎、便要受欺。莊子一書便是一例。

東方雜誌 第十五卷 第十一號 莊子哲學淺釋 八一

3

胡适撰《庄子哲学浅释》，为《中国哲学史大纲（卷上）》原稿摘录，刊载于《东方杂志》第十五卷第十一号。

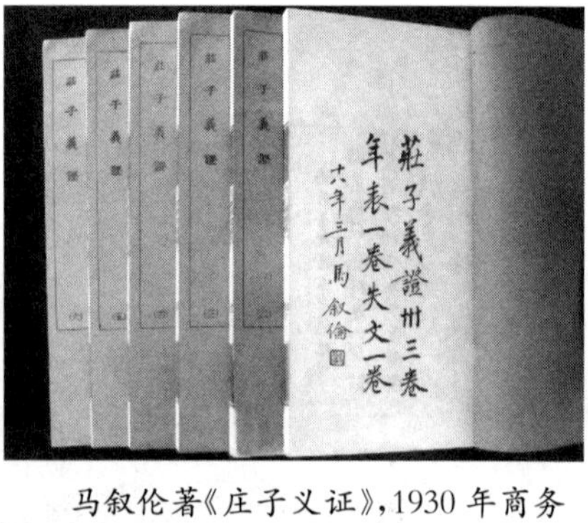

马叙伦著《庄子义证》，1930 年商务印书馆初版，一部线装 6 册全。

胡适与王重民的美国通信

——以《图书季刊》新第五卷第一期为例

《图书季刊》是原国立北平图书馆的馆刊，创办于 1934 年 3 月。“七七”事变爆发后，刊物被迫暂停。后于 1939 年 3 月在云南昆明复刊，这时刊物上一律冠以“新第 X 卷”字样，以示与抗战前的刊物有所区别。但到了 1942 年时，因为战时物资紧张，印刷厂也无法正常运营，只得又停办了一年。1943 年因昆明战事吃紧，编辑部移师重庆；在重庆终于得以续刊，《图书季刊》“新第四卷”开印。

1942 年 9 月，52 岁的胡适已辞去驻美大使之职，离开华盛顿，移居纽约。有意避开政界纷扰的他，决意要留在纽约，专心致志地进行学术研究，续成自己早年未竟的《中国哲学史大纲》。1943 年 1 月，胡适通过应聘获得美国国会图书馆东方部名誉顾问的职位，这对于其研究生涯当然是有益的。坐拥图书馆丰厚的馆藏，开启久违的学术研究，胡适又开始一步一个脚印来做了。

实际上，从 1937 年“七七”事变以来，胡适一直致力于时论、政论的撰写与宣传,5 年来并没有什么特别有分量的学术研究作品问世,而从 1943 年起,他静下心来,开始梳理自己的学术框架与计划。首先发表了英文的《中国思想史纲要》,再次确立其中国思想史研究的基本结构;撰写了大量关于汉代学术史的论文——这部分内容实际上正是《中国哲学史大纲》写作计划中一些论点的深入与拓展;也正是在这一年,开启了《水经注》研究的序幕,而这一研究主题伴随其后半生。

1943 年,对胡适而言,无疑是相当重要的一年。这一年,无论是在其学术年谱之中,还是在其生活史记录中,都颇具转折意味。而在这一重要的转折之年,同在美国国会图书馆中紧张工作的一位年轻人,在胡适的学术生涯中成为重要的忘年知己,他就是王重民(1903—1975)。胡适上述那些正在实施的学术计划,尤其是《水经注》研究成为其晚年重要学术专题,皆与这位年轻人的出现有着极其紧密的关系。

1943 年,比胡适小了整整 12 岁,与胡适生肖同为“兔”的王重民,都在为了各自学术领域中的那根“胡萝卜”,而默默坚守于大洋彼岸的图书馆中。原来,早在 1941 年,北平图书馆南运至上海的善本古籍,因为抗战时局危困,可能会受到劫掠或焚毁的威胁,袁同礼馆长迅即求助当时的驻美大使胡适,请求将这批馆藏善本寄存美国。也正是在这一年,王重民不顾艰险,只身赴上海抢救这 300 箱善本古籍,开箱选出 2720 多种,装成 100 箱待运。经过袁同礼馆长的周旋、胡适的鼎力相助,这100箱善本古籍秘密运往美国,暂藏于美国国会图书馆远东部。从此,王氏埋首于图书馆中,从事鉴定与拍摄这批躲过劫难的古籍,并为之撰写提要。实际上,从1943至1944年,王氏一直在为这100箱古籍做相当详尽的鉴定、考证与提要工作。这一工作形成的文档,后来整理出版,成为中国古籍版本学中的重要著作——《中国善本书提要》。

正当王氏紧张工作期间,对这批古籍一直高度关注并予以直接帮助的胡适,自然也对这位青年学者器重有加,颇有来往。据统计,胡适与学者友人通信,超过200封的仅寥寥三人,前期是顾颉刚,后期是杨联升,中期便是王重民。在胡适当时着力研究的很多学术专题上,胡、王二人的交互研讨都对这些学术专题有过相当有力的促进;另一方面,王对胡学术研究的最大支持,还在于不辞劳苦为之提供了大量的学术资料。而这一忘年交谊、学林嘉话的最重要物证,就是1944年3月在重庆印制并公开发行的《图书季刊》新第五卷第一期。这一期杂志,堪称"胡适王重民论学专辑"。

在这一期杂志"封面要目"中,署名文章选有6种13篇,其中胡适3篇,各据头尾;中间则是王重民的6篇文章,可谓交相辉映。这期杂志刊载的第一篇文章,为胡适《两汉人临文不讳考》,落款为:"一九四三,七,廿二夜写成。"第二篇文章,为胡适《读陈垣史讳举例论汉讳诸条》,实际上仍是延续上一篇文章的一些改进与补充说明，是参照陈氏著述写的一篇读书札记。在这篇札记开笔之前，胡适有一段文字说明，他写道：

> 我写了《两汉人临文不讳考》，寄给王重民先生，请他用国会图书馆中藏书，代我一校；并请他把陈垣先生的《史讳举例》寄给我重读一遍。昨天收到《史讳举例》，翻读一遍，写这篇札记。

这一段类似按语的文字，说明了从 1943 年开始，在美国国会图书馆工作期间，王氏对胡适学术研究提供的帮助与支持——利用馆藏善本校勘、代校、寄资料等。胡适对此，虽只是短短一段文字述及，感谢之意，也溢于笔端。而在《清代名人》一书的书评中，王氏对胡适的推崇与敬佩也溢于言表，他写道：

> 在胡适之先生以前，有人知道蒲松龄、曹雪芹的生卒吗？所以谈到作学问，材料丰歉是一问题，那一位古人值得表彰，与如何利用他们的史料去表彰他，是另一问题。

这实际上道出了胡、王二人之所以能以忘年交谊，做毫无保留的学术合作的根本原因——“英雄所见略同”。王敬佩胡的治学方法，胡也倚重王的文献整理之功，两位勤于思考、善于积累的优秀学者就此展开了精诚合作，悄然成就了胡适在新文化运动之后的又一学术高峰阶段。

在这期杂志的最后一篇文章，乃是胡适 1943 年 5 月 30 日写给王重民的一封信，辑入杂志之后，则径直署了文章名为《论治学方法》。这封信之后又附了一封王重民写给胡适的信，信尾落款日期为 1943 年 8 月 29 日。这期杂志，简直就成了胡、王二人的“论学专号”，这末尾的两封信更是为这期“专号”收了个“豹尾”，再一次点明了胡、王二人论学中所体现出来的学术精神。

胡适的这封长信，细说宋代李若谷“勤、谨、和、缓”的考证方法，以此来向王重民表达自己的治学方法与信念。他在信中娓娓而谈：

> 勤，即是来书所说的“眼勤手勤”，此是治学成败的第一关头；凡能勤的，无论识小识大，都可有所成就。谨，即是不苟且，一点一笔不放过，一丝一毫不潦草。举一例，立一证，下一结论，都不苟且，即是谨，即是慎。“和”字，我讲作心平气和，即是“武断”的反面，亦即是“盛气凌人”的反面。进一步看，即是虚心体察，平心考查一切不中吾意的主张，一切反对我或不

利于我的事实和证据;抛弃成见,服从证据,舍己从人,和之至也……我说“缓”字在治学方法上十分重要。其意义上只是从容研究,莫匆遽下结论。凡证据不充分时,姑且凉凉去,姑且悬而不断。英文的 suspension of judgment,即是暂且悬而不断……凡不肯悬而不断的人,必是不能真做到勤、谨、和三个字的。

面对胡适在“勤、谨、和、缓”治学四字诀上的娓娓而谈,王重民对此也感触颇深,颇有共鸣与启迪。他随即在复信中,开篇一段即写道:

我近来感觉到自己的赋性鲁钝,便肯努力作学问,所得成绩,也没有什么可以贡献于人的地方。五月二十八日那一天,便老老实实的向适之先生说了,不期望第三天便得到他这封很长的覆信,读了一遍,真是一付“清凉散”,浊气全消了!以后时常展阅,愈咀嚼觉得个中滋味愈浓厚。盖这一段话,给我固然是“对症发药”,也是给一切和我同病者的良药。更进一步说,也是给一切读书作学问人的良药。

无论是胡适那封谈治学方法的长信,还是所附的这封王重民的感言短札,都是二人自 1943 年始,在美国期间进行学术研讨通信的首次选刊。据统计,胡适致王重民信今存104封,王重民致胡适信存149封;二人来往信件共存253封。而在这目前可以看到的253封信件中,1943年的信件竟达到了53封之多。也由此可见,胡、王二人的学术互动与热烈研讨,正是始于二人在美国国会图书馆任职或工作期间。那一年,1943年,两位来自中国的顶级学者——一位在华盛顿,一位在纽约;一位任美国国会图书馆东方部顾问之职,一位则在图书馆里为100箱“逃难”而来的中国古籍鉴定编目;这一份忘年学术与家国情怀,都在此如切如磋。

值得一提的是,在《图书季刊》新第五卷第一期首次刊发胡、王二人通信六十余年之后,北京大学信息管理系与台湾胡适纪念馆合作,联合编辑出版了《胡适王重民先生往来书信集》(2009年初版)。该书收录了胡、王二人目前在大陆与台湾可以搜罗到的所有存世通信(包括原件与发表件),共计253封。当然,其中也收录了《图书季刊》上首发的胡适致王重民信件,但个别字词略有异同。而《图书季刊》上附录的1943年8月29日王重民复胡适信件却未予收录,留下了一个不大不小的遗憾。或许,是因为这封信件的原件已不复存世;而《胡适王重民先生往来书信集》是主要按照通信原件为底本来编辑的缘故罢。

翻开眼前这一册,用巴蜀地区特有的粗劣土纸印就的《图书季刊》——薄脆得几乎随时要开裂的纸面上,铅活字的印痕压在纤维粗糙、颗粒不匀的纸面之上，时常会有一些字的笔画不着墨或着墨很淡的情况，这从出版物本身的质量而言，已根本谈不上什么阅读快感了；无论是学术专业“范儿”，还是国家机构“范儿”，在这册印制粗劣的刊物上一律都感受不到了。版权页上则清楚地交待着，抗战岁月中的国立北平图书馆新的通讯处——重庆沙坪坝南开大学经济研究所本馆驻渝办事处；而印刷厂就在重庆的磁器口小杨公桥里的一个小作坊里，这里竟然还是当年的军政部经理的。

可以想象，在那个民族危亡、共赴国难的时刻，在这样一册简陋不堪的杂志上，竟然还能领略得到胡适、王重民等国内顶级学者在海外论学的风采；这在当时的艰难环境之下，也不啻于一剂中国学术及中国文化的安心定神之良药罢。

胡适，1941年存照，出任驻美大使期间。

美国国会图书馆阅览大厅

美国国会图书馆杰弗逊大楼外景

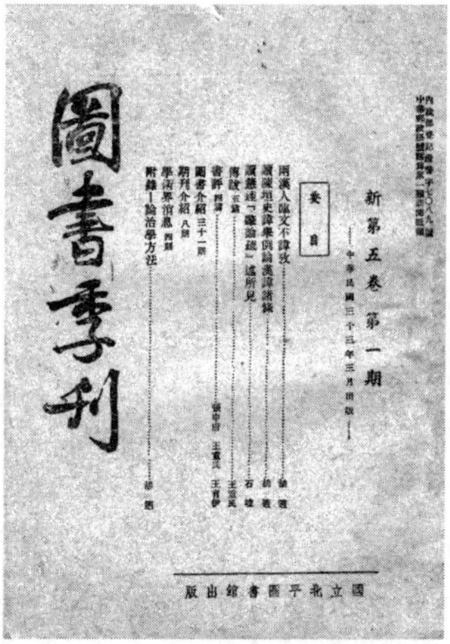
圖書季刊

新第五卷第一期

——中華民國三十三年三月出版——

要目

兩漢人臨文不諱考

讀陳垣史諱舉例論漢諱諸條

讀慕蕭「難論語」述所見……石峻

傳說 五篇……王重民

書評 四篇……王重民 王育伊

圖書介紹 三十一種

期刊介紹 八種

學術界消息 四類

附錄—論治學方法……胡適

國立北平圖書館出版

《图书季刊》新第五卷第一期，1944 年 3 月在重庆印制发行。

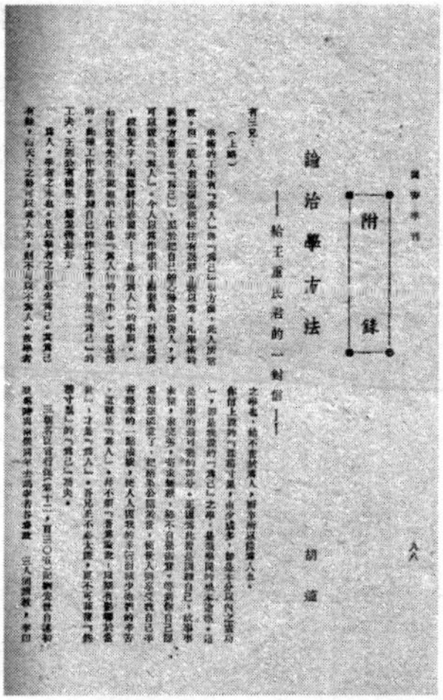
圖書季刊

附錄

論治學方法

——給王重民君的一封信——

胡適

八六

《图书季刊》所刊“论治学方法”——胡适致王重民信件

胡适《四十自述》的“前传”与“后传”

1931 年 3 月 10 日,《四十自述》的第一篇文章“我的母亲的订婚”发表于《新月》杂志第 3 卷第 1 号始,接着在第 3 卷 3、4、7、10 号陆续刊载,至 1932 年 11 月 10 日《新月》杂志第 4 卷第 4 号刊出最后一篇文章止,《四十自述》的六篇文章全部连载完毕。到 1933 年 9 月,这六篇文章又交由上海亚东图书馆,合辑出版单行本,即《四十自述》最通行的“定本”,被称为“亚东版”。其实,早在《新月》连载版、亚东版之前,胡适已经用英文撰写过自传,在美国纽约发表过了。

《四十自述》前传:What I believe

原来,胡适于 1931 年 1 月、2 月,就在美国的《论坛》(Forum)杂志上发表了“我的信仰”(What I believe)一文,连载两期。这篇文章虽然从题目上看,是谈个人信仰问题,但胡适却将其家庭背景、生活历程、人生理想予以了充分剖析与阐论,文章很多内容都与《四十自述》相吻合或一脉相承,无异于《四十自述》的“前传”。

可以看到，这份1931年的美国杂志上，在胡适文章题目下还标有“生活哲学第16”(Living Philosophies XVI)的字样。这实际上是杂志开辟的一个“生活哲学”专栏，而“我的信仰”是这个专栏的固定专题，胡适是为这个专栏撰稿的第16位作者。在胡适之前的撰稿人大多声名显赫，皆是国际知名的哲学家、科学家等著名人物，诸如第一位撰稿人是美国科学家爱因斯坦，第二位撰稿人是英国哲学家罗素，第三位撰稿人是美国哲学家杜威(胡适老师)等等；该杂志对撰稿人的挑选显然考虑了国际知名度因素。作为第十六位入选的特约撰稿人胡适，杂志对其也有一个标签式评价——“中国复兴之父”(father of the chinese renaissance)。显然，这是对胡适大力倡导并阐扬，一直践行并坚守的“中国文艺复兴”理念的一种肯定。

胡适的文章分为十大章节，分别阐述了胡适父亲的事迹、父母的婚姻、母亲的抚育与影响、早年生活忆述、早年求学经历、接受进化论思想、在美国的学业与理想、留美7年的思想进化、母亲之死与不朽观念、科学与人生观的论战等内容。在这十大章节的内容中，胡适的家世背景、父母事迹、人生理想、信奉理念及生活感悟等内容均自然而然地得以流露与表达，将其40年的人生轨迹予以了生动刻画。

此文发表后不久，美国哲学家约瑟夫·伍德·克勒奇

(Joseph Wood Krutch)、欧文·埃德曼(Irwin Edman)等6位知名学者又应邀撰写该专栏。1931年7月,美国纽约的西蒙与舒斯特出版公司(Simom and Schuster)将《论坛》杂志"生活哲学"专栏文章一并结集出版,书名就叫做《生活哲学》(Living Philosophies)。此书将共计22位国际知名学者,已发表的"我的信仰"专栏文章集中展示出来,并为每位学者配置肖像插图。是书装帧精美,黑色仿皮精装,书名烫金,内页采用重磅道林纸精印,学者肖像插图均为单页铜版纸印制;并特制有部分专供收藏的毛边本。此书一经出版,迅即在美国引发轰动,无论政要名流,还是普通读者,均购藏踊跃。据《胡适日记》1931年7月15日记:"我的《信仰》本为The Living Philosophies[《生活哲学》]一书作的,此书本月出版,今天收到第一册,印的很好。听说销路不恶。"

特别值得一提的是,书中所插配的胡适照片,与当年胡适题赠给康奈尔大学地质学教授亨利·韦莲司的夫人的那张照片极其相似,这张照片应当就是胡适1927年在美国纽约拍摄的一组照片之一。这一年的1月12日,胡适赴美,抵达纽约。2月4日,胡适赴哥伦比亚大学作讲演,并在此完成其取得该校哲学博士学位的最后手续。从照片上看,时年36岁的胡适,西装笔挺,衬衫领带整洁如新,圆框眼镜中的双眼炯炯有神,俨然是一位颇具绅士风度的新派文人模样。正式获得哲学博士学位的胡适,在这张照片中所流露出来的愉悦与自信，其英气逼人的仪态与风度，也一定让当时的读者过目难忘罢。

1941年，美国俄亥俄州克利夫兰市的世界出版公司（The world publishing company）得到西蒙与舒斯特出版公司的授权，重新出版了《生活哲学》的修订版。除了删去第二十二篇文章，即英国遗传学家、最早提出“克隆”概念的约翰·伯顿·桑德森·霍尔丹J. B. S. Haldane所撰文章之外，其余内容，一仍其旧。可能是由于战时经济紧张、物资短缺的缘故，这个“修订版”的开本、装帧、用纸等各个方面，都不如1931年的初版本那么理想，更将原有22张铜版纸印制的作者肖像全部删除，大大降低了印制成本。但这一版本在当时仍然相当受读者欢迎，1941、1942、1943年，连续三年都有加印再版。

未授权的中译本：《我的信仰》

而在大陆，最早接触到胡适这篇英文版自传的赵家璧（1908—1997），以几乎与美国杂志同步的速度，在其主编的《中国学生》杂志上发表了由向真翻译的中文版。1931年2月—4月，《中国学生》杂志第3卷2期、3期、4期，以三期连载的方式，将胡适《我的信仰》翻译为中文，全部发表。在未经过胡适本人授权，也未交由胡适本人校订的情况下，赵家璧对这样的“超常规”做法给出了自己的解释。他在《编者的话》中写道：

胡适博士的《四十自述》在《新月》上开始发表后，我们对于这位中国文学革命的前锋，其所以产生如此思想的背景，得了一个坦白的供状……我国白话运动的主将，中国生存的哲学家，这次能自己动笔，写他自己的传记和信仰，却是中国文坛上的创举。

接着他介绍说：

美国 Forum（论坛）杂志有 H. G. WELLS（韦尔斯）、胡适等十四篇题目都是《我的信仰》，然而写法不同的文章。胡博士的，便用传记体来写他自己思想的演进。据胡博士告诉人，说这篇东西，是特别为了写给既不熟悉中国的国情，而对于他的思想又很隔膜的异邦人看的……

最后，他郑重申明：

须赶在二月号上发表，故请向真君翻译后，未能如愿地请原作者去修正一下。所有遗误之点，完全由本志负责。

当然，胡适对赵家璧、向真等的译介，虽未置可否，也并未有过任何追究责任的意思。事实上,正是在胡适的大度默许之下,《我的信仰》中文版得以在国内迅速传播开来。1931年9月,由赵家璧主编的《一角丛书》问世,这是一种64开的袖珍小丛书,售价每本一角,内容包罗国内外政治、经济等知识性选题,兼及小说、散文、传记等,都是简短精到之作,是一套很受欢迎、影响深远的通俗读物。这套丛书的第一本名为《今日四大思想家信仰之自述》,这正是胡适、韦尔斯、爱因斯坦、杜威在《论坛》杂志中所撰“我的信仰”专栏文章,被逐一转译为中文,结为此集。这本小册子从1931年8月10日付排,9月4日即初版面市;当年10月即再版,12月第三版;1932年5月第4版、9月已出第5版;受欢迎程度可见一斑。1935年,经纬书局编印的《现代百科全书》第三册《时人自述与人物评传》中,又收入了胡适的这篇《我的信仰》,仍是原封不动的向真译本。

《四十自述》后传:Living philosophies, revised

就在胡适英文版自传的未授权中译本开始在国内流行开来之际,美国书评权威、书评家克里夫顿·费迪曼(Clifton Fadiman),借着《生活哲学》一书方兴未艾之势,于1939年又推出了一部仍是名流文章荟萃的《我相信》一书。书的副题点明了此书的主旨与亮点——我们这个时代的杰出人物之生活哲学(I believe: the personal philosophies of certain eminent men and women of our time)。

这本书特意邀请了一大批新的国际知名人物撰写专文，更新增一些文学、文艺领域的知名人士稿件；诸如英国诗人奥登、美国女作家赛珍珠、英国小说家福斯特等，中国名人方面更有林语堂入选。

此书在编选稿件方面，不但"新意"迭出，也兼有回顾性质。在1931年《生活哲学》中收录有文章的部分作者也在征稿之列。包括胡适在内，仍有一小部分"旧作者"对此予以了回应，但主要是针对《生活哲学》中的"旧文章"予以修订及补充说明。

在《我相信》一书中，为这部分内容专辟一栏"生活哲学之修订"(Living philosophies, revised)。在撰写《我的信仰》、《四十自述》之后十年，在经历了"九一八"事变、"一·二八"事变、"七七"事变、"八一三"事变等一系列国内重大变局之后，正在经历全民抗战、时任国民政府全权驻美大使的胡适，此刻感慨万千地为"生活哲学之修订"撰写专文。

时年48岁的胡适，开篇即接连发出三个疑问——

> 我现在怎样去评价自己十年前的生活哲学？我会对此感到不满意吗？或者这才正是认识自我、回归自我的一次成熟历程？

接下来，胡适并没有直接回答上述三个疑问，而是极其凝重地写道——

> 无须多言，过去的十年，对我个人乃至整个中华民族而言，都是极其悲壮的十年。

可以看到，在这篇对《我的信仰》有所“修订”的，堪称《四十自述》“后传”、《五十自述》“前言”的英文文章中，胡适的家国情怀更加浓烈与突显，而不再是纯粹的个人陈述与自我表达。此刻，争取美国朝野对中国抗战的同情与支持，力图说服并推动美国参与太平洋战争，成为胡适这篇文章的主要诉求。在文章的最后，胡适仍然用一句反问结束全文，他说：“当我们被号召去为亿万人谋求生命与福祉之时，我们怎能对此无动于衷？”为抗战苦苦寻求国际援助的胡适，在这篇原本应是个人陈述居多的文章中，却一次又一次地叙述着中国人正在经历的苦难与伤痛。作为同时代精英知识分子代表人物的胡适，那份共赴国难的苦心孤诣与精诚所至，在这篇文章中一次又一次强烈地流露出来。

1941年3月，上海长风书店编印的“青年丛书”中辑有《我的信仰》一书，是书收录了胡适的这篇文章，译者为应远涛、袁访赉；是书还相应增入了林语堂等“新作者”的文章，共计19位作者的文章。其内容恰恰是《我相信》一书38位作者文章的半数,显然,这是一本为迎合中国读者特意印制的摘译本。此书尚有1946年10月的再版本,内容与初版本一致,无改动。

重读胡适自传

80年后的今天,我们可以设想,如果将胡适的英文版自传《我的信仰》,与中文版自传《四十自述》,与英文版《生活哲学之修订》的内容捏合在一起,再逐一加以研读,那将是怎样的一番别样况味,那将是怎样的一番心灵触动?

遗憾的是,虽然此后数十年间,《四十自述》作为胡适自传的唯一"定本",屡屡被研究者提到或征引;但却鲜有言及英文版《我的信仰》者。即或在某些胡适选集、文集中偶有征引《我的信仰》中译本者,却绝无英文版原文可供研究者、读者参考;而英文版《生活哲学之修订》则更是几乎被完全遗忘掉了。

经多年搜求,笔者有幸获得上述诸种英文原版旧著数部,逐渐厘清了一些胡适研究领域中语焉不详、长期以来得不到解决的版本问题。当然,包括胡适英文版自传在内的胡适英文著述之研读,还需要大量细致、深入,更为充分的工作。对此,恐怕我们还得要有足够的细心、耐心与诚心,还得要具备更多的毅力、洞察力与魄力,方能不辜负时代,不唐突前贤罢。

这是民国原版书里的配图，与下一幅略有不同。

这是胡适题赠给韦莲司夫人的照片，照片上有胡适的手迹。

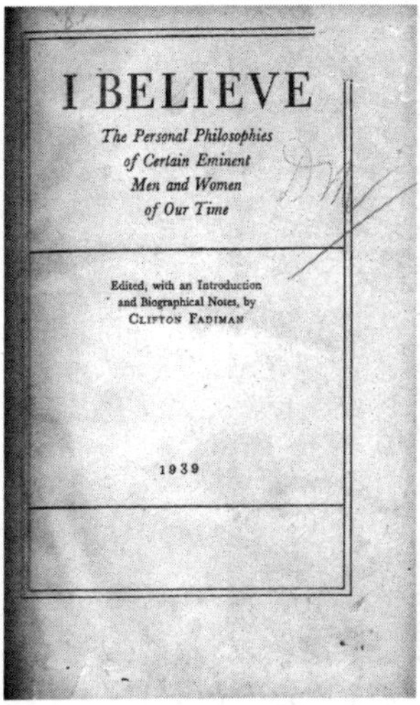

美国书评家克里夫顿·费迪曼编印的《我相信》一书，1939年初版。

《今日四大思想家信仰之自述》，赵家璧主编"一角丛书"第一种，1931年9月初版。

《生活哲学》初版本，1931 年 7 月，美国西蒙与舒斯特出版公司出版。

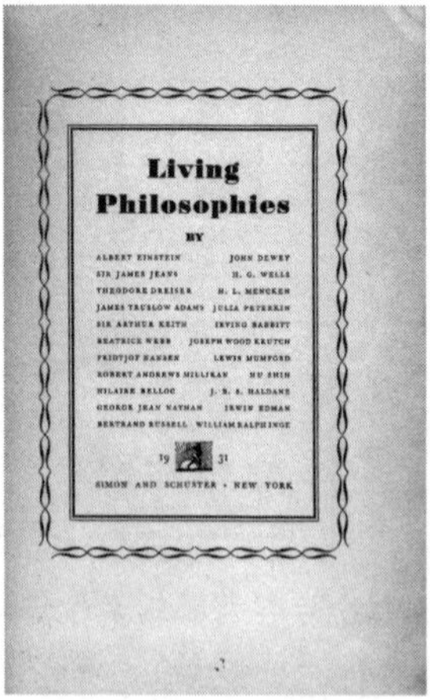
Living Philosophies

BY

ALBERT EINSTEIN | JOHN DEWEY
SIR JAMES JEANS | H. G. WELLS
THEODORE DREISER | H. L. MENCKEN
JAMES TRUSLOW ADAMS | JULIA PETERKIN
SIR ARTHUR KEITH | IRVING BABBITT
BEATRICE WEBB | JOSEPH WOOD KRUTCH
FRIDTJOF NANSEN | LEWIS MUMFORD
ROBERT ANDREWS MILLIKAN | HU SHIH
HILAIRE BELLOC | J. B. S. HALDANE
GEORGE JEAN NATHAN | IRWIN EDMAN
BERTRAND RUSSELL | WILLIAM RALPH INGE

19 31

SIMON AND SCHUSTER · NEW YORK

《生活哲学》初版本，扉页作者名录，胡适名列第十六位。

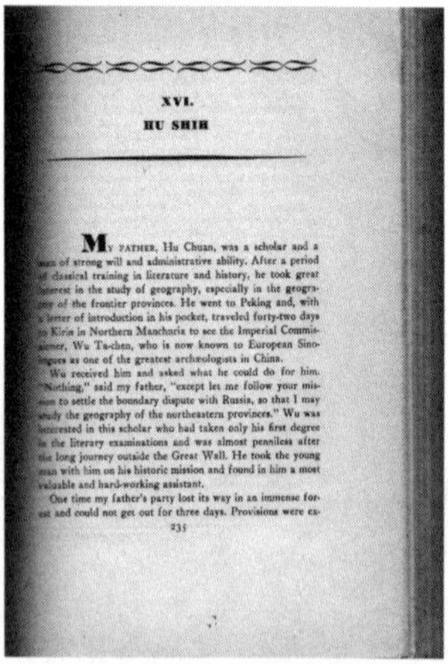
XVI.

HU SHIH

MY FATHER, Hu Chuan, was a scholar and a man of strong will and administrative ability. After a period of classical training in literature and history, he took great interest in the study of geography, especially in the geography of the frontier provinces. He went to Peking and, with a letter of introduction in his pocket, traveled forty-two days to Kirin in Northern Manchuria to see the Imperial Commissioner, Wu Ta-chen, who is now known to European Sinologues as one of the greatest archæologists in China.

Wu received him and asked what he could do for him. "Nothing," said my father, "except let me follow your mission to settle the boundary dispute with Russia, so that I may study the geography of the northeastern provinces." Wu was interested in this scholar who had taken only his first degree in the literary examinations and was almost penniless after the long journey outside the Great Wall. He took the young man with him on his historic mission and found in him a most valuable and hard-working assistant.

One time my father's party lost its way in an immense forest and could not get out for three days. Provisions were ex-

235

《生活哲学》初版本，胡适“我的信仰”一文页面。

《生活哲学》修订再版本，1943年，美国世界出版公司出版。

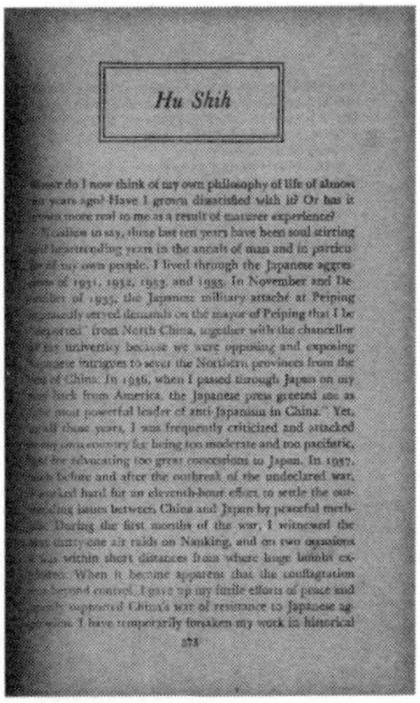
Hu Shih

《我相信》选辑的胡适“Living philoslphies revised”一文页面。

What I Believe

Living Philosophies XVI

by HU SHIH

THE FORUM

美国的《论坛》(Forum)杂志，胡适“我的信仰”(What I believe)版面之一。

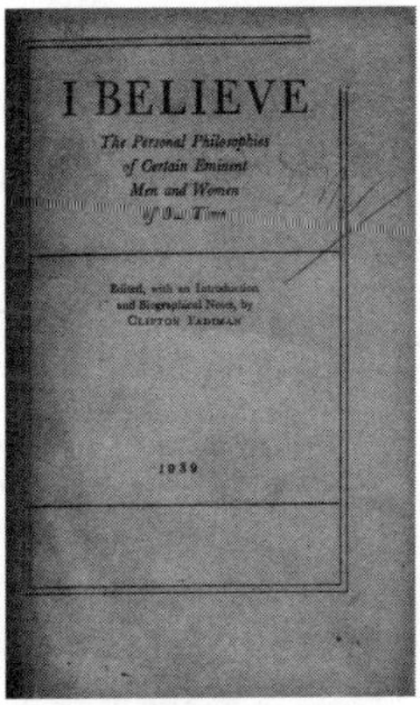

美国书评家克里夫顿·费迪曼编印的《我相信》一书，1939年初版。